CÓMO HACER SU PROPIO TESTAMENTO

Edición Revisada

—

Mark Warda

Abogado

SPHINX® PUBLISHING
AN IMPRINT OF SOURCEBOOKS, INC.®
NAPERVILLE, ILLINOIS

Edición Revisada, julio/2001

Publicado por: **Sourcebooks, Inc.®**, división de Sourcebooks, Inc.®

Oficina de Naperville
P.O. Box 4410
Naperville, Illinois 60567-4410
630-961-3900
Fax: 630-961-2168
www.sourcebooks.com

Library of Congress Cataloging-in-Publication Data
Warda, Mark.
     [How to make your own will. Spanish]
     Cómo hacer su propio testamento : y formularios / Mark Warda.-- 1. ed.
         p. cm. -- (Legal survival guides)
Includes index.
     ISBN 1-57248-148-X (pbk.)
   1. Will--United State--Popular works. I. Title. II. Series.
     KF755.Z9 W3518 2001
     346.7305'4--dc21
                                                                        2001020314

Impreso y encuadernado en los Estados Unidos de América
VHG Paperback – 10 9 8 7 6 5 4 3 2

Sumario

USO DE LOS LIBROS DE ASESORAMIENTO LEGAL

Antes de consultar cualquier libro de autoayuda, es necesario tener en cuenta las ventajas y desventajas de encargarse de su propio asesoramiento legal y ser consciente de los riesgos que se asumen y la diligencia que se requiere.

LA TENDENCIA CRECIENTE

Tenga la seguridad de que usted no será la primera ni la única persona que se encarga de sus propios asuntos legales. Por ejemplo, en algunos estados, se representan a sí mismas más del setenta y cinco por ciento de las personas involucradas en procedimientos de divorcio y otros tipos de asuntos jurídicos. Debido al alto costo de los servicios de abogacía, la tendencia a la autoayuda va en aumento y en muchos tribunales se procura facilitar los procedimientos para que la gente pueda representarse a sí misma. Sin embargo, en algunas oficinas gubernamentales no están en favor de que las personas no contraten abogados y se niegan a ofrecer cualquier tipo de ayuda. Por ejemplo, su respuesta suele ser: "Vaya a la biblioteca de leyes y arrégleselas como mejor pueda".

Escribimos y publicamos libros de autoasesoramiento legal para brindar al público una alternativa a los generalmente complicados y confusos libros de derecho que se encuentran en la mayoría de las bibliotecas. Hemos simplificado y facilitado las explicaciones sobre las leyes al máximo posible. De todos modos, a diferencia de un abogado que asesora a un cliente en especial, nosotros no podemos cubrir toda las posibilidades concebibles.

ANÁLISIS COSTO/VALOR

Cuando se está comprando un producto o un servicio, uno se ve frente a diversos niveles de calidad y precio. Al decidir que producto o servicio adquirir es necesario efectuar un análisis de costo/valor sobre la base del dinero que usted esta dispuesto a pagar y la calidad que usted desea obtener.

Al comprar un automóvil, usted mismo decide si desea obtener transporte, comodidad, prestigio o *atractivo sexual*. De manera acorde, usted opta por alternativas tales como un Neon, un Lincoln, un Rolls Royce o un Porsche. Antes de tomar una decisión, generalmente se comparan las ventajas y el costo de cada opción.

Cuando usted tiene dolor de cabeza puede tomar una aspirina u otro calmante para el dolor, o visitar a un médico especialista que le practique un examen neurológico. En tales casos, la mayor parte de la gente, por supuesto, prefiere un calmante para el dolor porque cuesta solamente unos centavos mientras que un examen médico cuesta cientos de dólares y lleva mucho tiempo. Se trata, generalmente, de una decisión lógica porque, normalmente, para un dolor de cabeza no hace falta más que un calmante. Pero en algunos casos un dolor de cabeza podría ser indicio de un tumor cerebral y sería necesario consultar a un especialista inmediatamente para evitar complicaciones. ¿Debe consultar a un especialista toda persona que tenga dolor de cabeza? Por supuesto que no, pero los que deciden combatir sus enfermedades por sus propios medios tienen que darse cuenta de que están arriesgando su salud en base al análisis costo/valor de la situación. Están tomando la decisión más lógica.

El mismo análisis costo/valor debe efectuarse cuando uno decide encargarse por sí mismo de los trámites legales. Muchas situaciones legales son muy claras: requieren un formulario sencillo y un análisis que no es complicado. Toda persona con un poco de inteligencia y un libro de instrucciones pueden encargarse del asunto con poca ayuda externa.

No obstante, en ciertos casos se presentan complicaciones que sólo un abogado podría detectar. Para simplificar las leyes en un libro como éste, frecuentemente ha sido necesario condensar varios casos legales en una sola frase o párrafo. De lo contrario, este libro tendría varios cientos de páginas y sería demasiado complicado para la mayor parte del público. Sin embargo, esta simplificación deja de lado, necesariamente, numerosos detalles y sutilezas que tendrían relación con ciertas situaciones especiales o inusuales. Asimismo, es posible interpretar la mayoría de los asuntos legales de distintas maneras.

Por consiguiente, al utilizar un libro de autoayuda legal y efectuar sus propios trámites legales, debe usted ser consciente de que está efectuando un análisis de costo/valor. Usted ha decidido que el dinero que ahorrará al encargarse de las gestiones legales compensará la posibilidad de que la resolución de su caso no resulte satisfactoria. La mayor parte de la gente que efectúan sus propios trámites jurídicos jamás tienen problemas, pero en algunas ocasiones ocurre que necesitan contratar a un abogado para corregir los errores iniciales de un caso, a un costo más alto del que les hubiera supuesto contratar a un abogado desde el principio. Tenga este factor en cuenta al manejar su caso y si cree que en el futuro le hará falta más orientación no deje de consultar a un abogado.

NORMAS
LOCALES
El proximo aspecto a recordar es que un libro sobre las leyes de toda la nación o de todo un estado, no puede incluir todas las diferencias de procedimiento en cada jurisdicción. Siempre que sea posible, proporcionamos exactamente el formulario que se requiere. Sin embargo, en otros casos, cada condado establece sus propios procedimientos y requiere sus propios formularios. En nuestros libros para determinados estados, los formularios generalmente cubren la mayoría de los condados del estado o proporcionan ejemplos sobre los trámites legales necesarios. En nuestros libros de alcance nacional, se incluyen algunas veces formularios de un alcance más general, aunque destinados a darle una buena idea del tipo de formulario que hace falta en la mayor parte de las localidades. De todos modos, recuerde que el estado o el condado donde usted reside puede haber establecido requisitos o formularios que no estén incluidos en este libro.

No se debe necesariamente esperar que toda la información y los recursos necesarios puedan obtenerse únicamente a través de las páginas de este libro. Esta obra le servirá de guía, brindándole información específica cuando fuera posible y, también, ayudándolo a encontrar los demás datos necesarios. Es como si uno decidiera construir su propia terraza. Usted podría adquirir un manual para la construcción de terrazas. Sin embargo, dicho libro no podría incluir los códigos de construcción ni los datos sobre los permisos requeridos en cada ciudad, condado o localidad de la nación, ni tampoco podría abarcar información sobre madera, clavos, sierras, martillos y otros materiales y herramientas para la construcción. Un libro de ese tipo puede servir de guía y después hará falta investigar un poco más sobre este tipo de obras, datos para obtener permisos, e información sobre los tipos y niveles de calidad de la madera disponible en su localidad, posibilidades de utilizar herramientas manuales o eléctricas, y el uso de dichas herramientas.

Antes de utilizar los formularios que figuran en un libro como éste, deberá usted verificar en la oficina de la secretaría de estado o del gobierno local si existen ciertas normas locales que usted deba conocer, o formularios locales cuyo uso sea obligatorio. A menudo, tales formularios requerirán la misma información que la que aparece en los formularios incluidos en este libro pero en diferente orden o con algunas palabras distintas. A veces será necesario utilizar información adicional.

CAMBIOS DE LEYES

Además de estar sujetas a las normas y prácticas locales, las leyes están sujetas a cambio en todo momento. Los tribunales y los legisladores de los cincuenta estados constantemente examinan las leyes. Es posible que mientras usted esté leyendo este libro, se esté modificando algún aspecto de las leyes.

En la mayoría de los casos, los cambios serán mínimos. Se rediseñará un formulario, se requerirá información adicional, o quizá se prolongue un plazo de espera. Como resultado de cambios de ese tipo, quizás sea necesario examinar un formulario, presentar un formulario extra, o cumplir un plazo de espera más prolongado; este tipo de cambios generalmente no influyen en la solución de su caso legal. Por otra parte, en algunas ocasiones puede suceder que se modifique un aspecto fundamental de una ley, que se cambie el texto de una ley en determinada área, o que sea anulado el aspecto básico de un asunto legal. En dichas circunstancias, sus posibilidades de tramitar su caso se vería seriamente afectada.

A fin de ayudarlo a cumplir los requisitos locales y los cambios que se produzcan en las leyes, lea detenidamente las recomendaciones del capítulo 1.

Nuevamente, deberá usted comparar el valor del caso contra el costo de la contratación de un abogado y tomar la decisión más adecuada para defender debidamente sus intereses.

INTRODUCCIÓN

Este libro fue escrito para proporcionarle la ayuda necesaria para preparar rápida y fácilmente su propio testamento sin los gastos ni las tardanzas que implica la contratación de un abogado. Comienza por una breve explicación sobre el uso de un testamento y lo que se puede lograr con este tipo de documento. Está destinado a hacer posible que aquellas personas con testamentos simples puedan de manera rápida y económica arreglar sus asuntos y distribuir sus bienes de conformidad con sus deseos. Incluye una explicación respecto a la influencia que al planear la disposición de su herencia pueden tener aspectos tales como la propiedad conjunta y las cuentas "pagaderas tras la muerte".

Incluye, asimismo, información respecto al nombramiento de un tutor para los hijos menores de edad que usted tuviera. Este aspecto puede resultar sumamente útil para evitar tensiones entre los familiares y evitar que si usted fallece sus hijos sean puestos a cargo de personas en las cuales usted no confíe para tales propósitos.

En los Capítulos del 1 al 5, se explican las leyes que influyen en la preparación de testamentos. En los Capítulos 6 y 7 se brindan explicaciones respecto a los testamentos en vida (living wills) y las donaciones de órganos. Después del Capítulo 7 se incluye un glosario al cual usted deberá recurrir para aclarar dudas sobre cualquier palabra o expresión en el texto que usted no entienda. El Apéndice A contiene tablas sobre las leyes aplicables a cada estado, a las cuales se hace referencia en este libro. El Apéndice B contiene modelos de formularios, con los datos completos para mostrarle cómo se llenan. El Apéndice C incluye formularios en blanco que usted podrá utilizar.

Usted puede preparar su propio testamento de manera rápida y fácil, utilizando los formularios de este libro, fotocopiándolos, o copiándolos a máquina o con computadora en hojas separadas. El poco tiempo que le llevará encargarse de estos asuntos le permitirán a usted y sus seres queridos disfrutar de la tranquilidad de saber que su herencia se distribuirá según sus propios deseos.

La herencia de un número de personas sorprendentemente elevado ha terminado en manos de quienes no correspondía por no saber cómo funcionan las leyes. Antes de utilizar cualquier de los formularios del Apéndice C, usted deber leer detenidamente y entender todos los Capítulos anteriores de este libro.

Respecto a cada ejemplo que aparece en esta obra, usted podría hacerse preguntas tales como "¿Qué ocurriría si mi cónyuge muriera antes que yo?", o "¿Qué sucedería si los hijos ya fueran adultos?", y en dichos casos las respuestas podrían ser diferentes. Si su situación es complicada, le resultaría aconsejable contratar los servicios de un abogado. En numerosas localidades, se pueden tramitar testamentos a precios razonables. Ningún libro de este tipo puede cubrir todas las circunstancias posibles en todos los casos, pero el conocimiento de los aspectos básicos lo ayudará a usted a tomar las decisiones correctas respecto a sus bienes.

Los formularios incluidos en este libro son testamentos simples para legar propiedades a su familia, o a sus amigos u organizaciones benéficas si no se tiene familia. Como se explica en el Capítulo 2, si usted desea desheredar a su familia y dejarles sus bienes a otras personas, debe consultar con un abogado, quien podrá adoptar las medidas necesarias para evitar que otras personas impugnen su testamento en los tribunales.

No hay tortura peor que la tortura de las leyes.

—Francis Bacon

NORMAS BÁSICAS QUE USTED DEBE SABER

1

Antes de hacer su testamento, usted deber saber cómo se utiliza un testamento y lo que se puede o no se puede lograr con dicho documento. De lo contrario, sus planes no se cumplirán y sus bienes terminarán en manos de quienes usted no desea.

¿QUÉ ES UN TESTAMENTO?

Un testamento es un documento que se puede utilizar para controlar quien se quedará con sus bienes, quien se quedará a cargo de sus hijos y propiedades, y quien administrará su herencia después de su muerte.

¿CÓMO SE UTILIZA UN TESTAMENTO?

Hay quienes creen que un testamento evita la necesidad de tramitar una sucesión testamentaria. Se equivocan. El testamento es el documento que se utiliza en el proceso de sucesión testamentaria (si se ha hecho un testamento es necesario validarlo), a fin de determinar quien recibe los bienes y a quienes se nombra tutores y albaceas o representantes personales.

CÓMO EVITAR LA SUCESIÓN TESTAMENTARIA

Si usted desea evitar la necesidad de tramitar una sucesión testamentaria, además de un testamento se deberán utilizar otros medios, tales como la propiedad conjunta, las cuentas pagaderas tras la muerte (pay on death accounts) del titular o los fideicomisos activos. A la primera de estas modalidades nos referiremos más adelante en este mismo capítulo. Para obtener información sobre fideicomisos activos (living trusts), deberá usted consultar un libro que se concentre en el uso de fideicomisos para la planificación de herencias. La editorial que publica este libro ofrece a tal efecto *Living Trusts and Simple Ways to Avoid Probate*.

Si una persona evita el proceso de sucesión con éxito respecto a todos sus bienes, no necesitará un testamento. En la mayoría de los casos, cuando el marido o la mujer mueren, no hace falta ni testamento ni iniciar un trámite de sucesión testamentaria porque todas sus propiedades las tienen en común. Sin embargo, toda persona debiera contar con un testamento para aquellos casos en que no se pueda evitar la sucesión testamentaria respecto a ciertos bienes. (Por ejemplo, si se olvidaron de registrar algunos de sus bienes como propiedad conjunta o si dichos bienes fueron recibidos poco antes de la muerte, o si ambos esposos murieron en el mismo accidente.)

LA PROPIEDAD CONJUNTA EVITA LA SUCESIÓN

Los bienes *de propiedad conjunta con derecho a supervivencia* no son objeto de testamento. En los casos en que un testamento le otorga ciertos bienes a una persona pero dichos bienes ya forman parte de una cuenta conjunta con otra persona, generalmente el testamento no se toma en cuenta y el otro titular de la cuenta conjunta se queda con los bienes. Tal cosa ocurre porque la titularidad de la cuenta no requiere ser validada a través de una sucesión y pasa directamente al propietario conjunto. Un testamento solamente controla las propiedades que son objeto de sucesión testamentaria. Existen excepciones a esta regla. Si se deposita dinero en una cuenta conjunta sólo por conveniencia, este dinero podría traspasarse a través de un testamento, pero si el propietario conjunto se niega a traspasar el dinero, sería necesario efectuar costosos trámites judiciales para obtenerlo.

La propiedad conjunta no otorga derecho absoluto. Si se debe pagar impuestos con cargo a la herencia, es posible que el receptor de bienes en propiedad conjunta tenga que pagar una parte de los impuestos. Asimismo, en algunos estados los cónyuges (esposos) tienen derecho a quedarse con bienes que están en cuentas conjuntas con otra gente. Esto se explica más adelante en este mismo capítulo.

EJEMPLOS ☞ Ted y su esposa desean que al morir uno de ellos ya sea él o ella reciba todas las propiedades. Registraron como propiedad conjunta su casa, los automóviles, las cuentas bancarias y las cuentas de compañías de inversión. Cuando Ted falllezca su esposa solamente tiene que mostrar el certificado de defunción (de Ted) para que todos los bienes le sean transferidos y puestos bajo su nombre. No hace falta testamento ni sucesión testamentaria.

☞ Después de la muerte de Ted, su esposa, Michelle, registra todos sus bienes y cuentas como propiedad conjunta con su hijo Mark. Al producirse su muerte, a Mark le basta con presentar el certificado de defunción de su madre para que todos los bienes le sean transferidos. No hace falta testamento ni sucesión testamentaria.

LA PROPIEDAD CONJUNTA ANULA EL TESTAMENTO

Si todos los bienes están registrados como propiedad conjunta o si se distribuyen a través de un testamento, la situación es muy sencilla. Pero cuando parte de los bienes se traspasa por uno y otro de estos medios, es posible que no se cumplan los planes de la persona fallecida.

EJEMPLOS ☞ El testamento de Bill deja la mitad de sus bienes a su hermana, Mary. Cuando Bill muere, tiene una casa en propiedad conjunta con su esposa, Joan, y una cuenta bancaria conjunta con su hijo, Don. Tras la muerte de Bill, Joan recibe la casa, Don obtiene la cuenta bancaria y su hermana Mary se queda sin nada.

☞ En el testamento de Betty se cede la mitad de sus bienes a Ann y la otra mitad a George. Cuando fallece Betty, tiene 1.000.000 de dólares en acciones (stock), en propiedad conjunta con George y un automóvil registrado solamente a nombre de ella. Ann obtiene solamente la mitad del valor del automóvil. George se queda con todas las acciones más la mitad del valor del automóvil.

☞ El testamento de John deja toda su propiedad a sus cinco hijos en partes iguales. Antes de que lo ingresen en el hospital, pone a su hijo mayor, Harry, como titular conjunto de sus cuentas. John muere y Harry se queda con todos sus bienes. Los demás hijos se quedan sin nada.

En cada uno de estos casos, los bienes fueron a parar a manos de una persona que no debiera haberlos recibido porque el difunto no se había dado cuenta que la propiedad conjunta anulaba su testamento. En algunas familias tal situación no habría planteado problemas. Harry podría haber dividido sus bienes por partes iguales (y quizá hubiera pagado un impuesto a la herencia). Pero en numerosos casos, Harry se hubiera quedado con todo y los demás familiares jamás le hubieran vuelto a dirigir la palabra, o le habrían presentado una demanda judicial.

LA PROPIEDAD CONJUNTA PUEDE SIGNIFICAR RIESGOS

En muchos casos, la propiedad conjunta puede constituir un medio ideal para evitar la sucesión testamentaria. No obstante, también implica riesgos. Si usted registra su casa u otros bienes inmuebles en propiedad conjunta con otra persona, no podrá vender ni hipotecar sin la firma de esa otra persona. Si usted registra su cuenta bancaria como propiedad conjunta con otra persona, esa misma persona puede retirar todo el dinero.

EJEMPLOS

☛ Alice registra su casa en propiedad conjunta con su hijo. Más adelante se casa con Ed y se va a vivir a la casa de él. Alice quería vender su casa e invertir el dinero para obtener ingresos. Su hijo se negó a firmar la escritura de venta porque deseaba mantener la casa como propiedad de la familia. Alice tuvo que dedicar diez meses a un prolongado trámite judicial para recuperar su casa y el juez estuvo a punto de denegar su petición.

☛ Alex registró sus cuentas bancarias como propiedad conjunta con su hija, Mary, para evitar la sucesión testamentaria. Mary se enamoró de Doug, un señor que tenía problemas con la justicia. Doug convenció a Mary para que "tomara prestados" 30.000 dólares de la cuenta para cubrir "un negocio" que le salió mal. Más tarde, Mary volvió a "tomar prestados" 25.000 dólares más para pagar la fianza de Doug quien había sido arrestado. Cuando Alex se enteró de estos asuntos ya era tarde y su dinero había desaparecido.

LA "PROPIEDAD EN COMÚN" NO EVITA LA SUCESIÓN

En la mayor parte de los estados hay tres formas básicas de propiedad: propiedad conjunta con derecho de supervivencia, propiedad en común y propiedad indivisible. La *propiedad conjunta con derecho a superviven-cia* significa que si muere uno de los titulares de la propiedad, el super-viviente automáticamente se queda con la parte del difunto. La *propiedad en común* significa que al fallecer uno de los titulares de la propiedad, la parte de los bienes correspondientes al difunto pasan a sus herederos o a los beneficiarios indicados en su testamento. La *propiedad indivisible* es como la propiedad conjunta con derecho a supervivencia, pero sólo puede aplicarse a matrimonios y se reconoce solamente en algunos estados.

EJEMPLOS

☞ Tom y Marcia compraron juntos una casa y vivieron juntos durante veinte años pero nunca se casaron. En la escritura de propiedad, la casa no figuraba como propiedad conjunta. Cuando Tom murió, su her-mano heredó la mitad de la casa, la cual tuvo que ser vendida, porque Marcia no tenía suficiente dinero para comprarle su parte a Tom.

☞ Lindsay y su esposo, Rocky, compraron una casa. Cuando Rocky murió sorpresivamente, Lindsay obtuvo la propiedad total de la casa, presentando ante los tribunales el certificado de defunción de Rocky. Esto se debe a que en la escritura de propiedad de la casa se indicaba que Rocky y Lindsay estaban unidos en matrimonio, y por tal motivo se dio por supuesto que la propiedad era indivisible.

LOS DERECHOS DEL CÓNYUGE PUEDEN INVALIDAR UN TESTAMENTO

Bajo las leyes de la mayor parte de los estados, el cónyuge superviviente tiene derecho a recibir un porcentaje de la herencia del cónyuge fallecido, independientemente de lo que diga en el testamento de dicha persona. Este porcentaje puede incluir desde la cuarta parte a la mitad y se lo llama generalmente *distribución electiva* o *distribución forzosa.* En algunos estados, la parte que se otorga a través de este tipo de distribución se calcula solamente sobre la base de los bienes que se procuran obtener a través de sucesión, pero en otros estados la distribución es diferente si los bienes son de *propiedad conyugal* (matrimonial) o *propiedad separada* (en régimen de separación de bienes). Esto se determina estableciendo tres cosas: si los bienes fueron adquiridos antes de estar casados o mientras estaban casados, si la propiedad estaba mezclada con otros bienes conyugales, o si dichos bienes tienen un origen externo al matrimonio.

EJEMPLOS

☛ John es dueño de un rancho valorado en 1.000.000 dólares, junto con su hermano, en régimen de propiedad conjunta con derecho a supervivencia y 1.000.000 dólares en acciones en su propio nombre. Su testamento otorga las acciones a sus hijos de un matrimonio anterior y nada a su esposa porque ella está en mejor situación económica que él y no necesita ese dinero. En algunos estados, a menos que John hubiera suscrito un acuerdo matrimonial o prematrimonial con su esposa, ella tendría derecho a reclamar la tercera parte de las acciones.

En otros estados, la esposa de John tendría derecho a reclamar la mitad de las acciones y la mitad del rancho.

En algunos estados, el cónyuge puede reclamar una porción de la herencia y conservarla solamente mientras esté vivo.

☛ Mary deposita la mitad de sus bienes en una cuenta conjunta con su esposo y en su testamento deja el resto de sus bienes a su hermana. Al morir Mary, su esposo obtiene todo el dinero de la cuenta conjunta y el treinta por ciento del resto de los bienes de ella.

Si usted no desea dejarle a su cónyuge por lo menos la cantidad de bienes que la ley de su estado permite, deberá consultar con un abogado. El Apéndice A contiene una lista donde se indica estado por estado, la parte que le corresponde al cónyuge superviviente en el momento de terminarse de escribir este libro. (Las leyes experimentan cambios cada cierto tiempo y, por tal motivo, deberá usted consultar la ley de su estado para determinar qué aspectos han sido enmendados.

LA DISTRIBUCIÓN EN FAVOR DEL CÓNYUGE PUEDE EVITARSE

Aunque algunas personas creen que es incorrecto evitar que el cónyuge reciba la parte que le permite la ley, existen motivos justificados para proceder de esa manera (tales como el caso de quien tuviera hijos de un matrimonio anterior) y las leyes permiten algunas excepciones.

La manera más segura para ambos cónyuges es firmar un acuerdo por escrito antes o después de casarse, renunciando a cualquier parte que la ley les otorgue en futuras herencias. Sin embargo, por más que a muchos cónyuges les puedan "caer bien" sus hijastros, lograr que firmen un acuerdo para renunciar a una considerable porción de su herencia puede constituir un problema.

En algunos estados, la distribución en favor de un cónyuge puede evitarse parcial o totalmente si se poseen bienes en propiedad conjunta o bajo un fideicomiso (trust). En algunos casos, no en todos, es necesario que el otro cónyuge firme un acuerdo mediante el cual renuncie a reclamar dichos bienes.

EJEMPLOS ☞ Dan tiene acciones en propiedad conjunta con su hijo. Sus cuentas bancarias las tiene en propiedad conjunta con su hija. Si él no tiene otros bienes, en muchos estados su esposa no obtendría nada porque Dan no tiene bienes que puedan heredarse.

Esto es lo que ocurriría en un estado en el cual el cónyuge tuviera derecho a obtener una parte de la *herencia sucesoria* (probate estate). Sin embargo, en algunos estados, el cónyuge tendría derecho a una parte del *patrimonio sucesorio acumulado* (augmented estate), o sea, la totalidad de los bienes que se traspasan tras la muerte del propietario (tales como propiedad conjunta, seguros de vida y los intereses generados por un fideicomiso). Consulte el apéndice A donde figura la distribución establecida en cada estado. No obstante, tenga en cuenta que estas leyes pueden cambiar en cualquier momento, razón por la cual sería conveniente consultar estos detalles con un abogado especializado en herencias y sucesiones testamentarias.

Otro procedimiento para cederle bienes a otra persona que no fuera su cónyuge y evitar la distribución obligatoria es mediante una póliza de seguro de vida en la cual la persona beneficiaria sea otra que no fuera su cónyuge. Sin embargo, en algunos estados, también las pólizas de seguros de vida pueden ser incluidas entre los bienes de distribución obligatoria.

Evitar la distribución forzosa a favor de un cónyuge, especialmente sin su conocimiento, abre la posibilidad de una demanda judicial después de su muerte, y si las decisiones que usted hubiera tomado no se ajustaran exactamente a los requisitos legales, podrían ser anuladas por un tribunal. Por consiguiente, si usted piensa cederle a su esposa una porción menor de la que indica la ley, sería recomendable que consulte con un abogado.

LAS CUENTAS I/T/F SON MÁS CONVENIENTES QUE LAS DE PROPIEDAD CONJUNTA

Una manera de mantener a las cuentas bancarias fuera de los bienes sujetos a sucesión y seguir manteniendo el control sobre los mismos es registrarlos como *en custodia de* (in trust of o I/T/F), nombrando un beneficiario. Algunos bancos utilizan las siglas POD, "pay on death" (a *pagar tras la muerte*) o TOD, "transfer on death" (a *transferir tras la muerte*). De una u otra manera el resultado es el mismo. Nadie excepto usted puede obtener ese dinero mientras usted viva, y tras su fallecimiento dicho dinero pasa directamente a la persona que usted nombre, sin testamento ni trámite de sucesión alguno. En algunos casos se les llama *Totten Trusts* (fideicomisos Totten), por referencia al caso judicial a partir del cual este procedimiento se ha declarado legal.

EJEMPLOS ☛ Rich abrió una cuenta bancaria a nombre de "Rich, I/T/F Mary". Si Rich muere, el dinero automáticamente pasa a Mary, pero antes de su muerte Mary no tiene control sobre la cuenta, ni siquiera se requiere que se le informe que la cuenta existe, y Rich puede quitar a Mary de la cuenta en cualquier momento que lo desee.

EN ALGUNOS ESTADOS LOS VALORES COTIZABLES PUEDEN REGISTRARSE COMO I/T/F

La desventaja de los fideicomisos Totten es que solamente sirven para el dinero depositado en una cuenta bancaria. Para decidir respecto a bonos y acciones hace falta efectuar un trámite de sucesión. Pero a partir de 1990, los estados comenzaron a poner en vigor una nueva ley que permite establecer cuentas I/T/F para valores cotizables también. Estos valores pueden incluir acciones, bonos, fondos de inversión (mutual funds) y otras inversiones similares. En la actualidad, si el patrimonio heredable incluye dinero en efectivo y valores cotizables, puede transmitirse a otros tras la muerte del propietario sin necesidad de entablar trámites judiciales.

En el momento de publicarse este libro, la referida ley había sido aprobada en cuarenta y dos estados, y los otros ocho pronto iban a aprobarla. Consulte con los administradores de su fondo de inversión, su agente de bolsa, su abogado, o las disposiciones legales del estado en el que usted reside. El nombre de dicha ley es "Uniform TOD Securities Registration Act". Los estados en los que se ha aprobado la ley figuran en el Apéndice A.

→ Para disponer que sus valores cotizables se transfieran automáticamente tras su muerte, es necesario registrarlos correctamente. Si utiliza usted una cuenta de valores en una compañía de inversiones, la propia compañía debe tener un formulario para registrar tales valores.

✦ Si en su estado no se ha aprobado dicha ley, podría usted obtener los beneficios que reporta traspasando su cuenta de valores a una firma de un estado en el cual se hubiera aprobado tal ley. Consulte con distintos agentes de bolsa y empresas de fondos de inversión, a fin de averiguar si le permitirían disponer que su cuenta pueda ser transferida automáticamente después de su muerte.

Si sus valores cotizables están registrados en su propio nombre o junto con su esposa, tendrá usted que volver a registrarlos en el formato TOD, con la designación de su beneficiario. A continuación se proporcionan ejemplos sobre cómo se cumple dicho trámite en muchos estados. Averigüe con su empresa de fondos de inversión o con su agente de bolsa cuál es la manera correcta en el estado en el que usted vive, u obtenga una copia de la ley que corresponda a su estado, cuyo número consta en el apéndice.

Propietario único y beneficiario único:

```
John S. Brown TOD John S. Brown Jr.
```

Múltiples propietarios con un solo beneficiario (John y Mary son propietarios conjuntos con derecho a supervivencia y cuando mueran, John Jr. heredará sus bienes):

```
John S. Brown Mary B. Brown JT TEN TOD John S. Brown
Jr. SUB BEN Peter Q. Brown
```

Propietarios múltiples-descendientes directos (John y Mary son propietarios conjuntos con derecho a supervivencia y cuando mueran, John Jr. heredará sus bienes, pero si John muere antes, la herencia pasará a los descendientes directos de John Jr.

```
John S. Brown Mary B. Brown JT TEN TOD John S. Brown
Jr. LDPS
```

EXISTEN NORMAS ESPECIALES RESPECTO A LA VIVIENDA FAMILIAR

En algunos estados hay normas especiales respecto a quiénes pueden heredar la vivienda familiar u otros bienes de familia. Si usted tiene un cónyuge, hijos menores de edad o ambos, es posible que solamente pueda transferirles la casa a ellos.

Las leyes de bienes de familia reportan ciertos beneficios, dado que en algunos estados no pueden ser reclamados por los acreedores que deseen obtener una parte de la herencia para cobrarse deudas pendientes.

Si usted tiene un cónyuge o hijos menores de edad y piensa dejarle sus bienes familiares a otras personas, tendrá que consultar a un abogado.

ALGUNOS DE SUS BIENES PODRÍAN QUEDAR EXCLUIDOS DE SU TESTAMENTO

Si usted tiene un cónyuge o hijos menores de edad, parte de los muebles de la casa, otros enseres y aparatos de su "lugar habitual de vivienda", y quizá los automóviles registrados en su nombre que normalmente usen usted y los demás integrantes de su familia quedan excluidos de su testamento. Este tipo de exclusión se denomina *propiedad exenta*. Si usted está casado, su cónyuge obtiene dichos bienes y si no tiene usted cónyuge se quedan con ellos sus hijos. Su cónyuge o hijos menores de edad podrían también conseguir una *asignación familiar*.

EJEMPLO ☞ Donna muere y en su testamento se otorga la mitad de sus bienes a su esposo y la otra mitad a su hijo adulto de un matrimonio anterior. Los bienes de Donna consisten en un automóvil de 5.000 dólares, 5.000 dólares en muebles y 10.000 dólares en dinero en efectivo. El esposo de Donna podría quedarse con el carro y los muebles como propiedad exenta y 6.000 dólares como asignación familiar. Entonces él y el hijo se dividirían los restantes 4.000 dólares. (El hijo obtendría aun menos si el esposo reclamara una parte como propiedad conyugal, como se describe en la página 13.)

En algunos estados puede evitarse que parte de los bienes se declaren exentos cediéndolos a alguien específicamente mediante un testamento. Si ciertos bienes se otorgan específicamente a ciertas personas, dichos bienes no se considerarán parte de la propiedad exenta. En algunos estados, el dinero en efectivo depositado en una cuenta bancaria conjunta o I/T/F no pasaría al otro titular de la cuenta conjunta ni al beneficiario y no podría utilizarse como asignación familiar. Si este aspecto pudiera suscitar problemas en el estado donde usted vive, le recomendamos que consulte a su abogado.

CASARSE PUEDE MODIFICAR SU TESTAMENTO AUTOMÁTICAMENTE

En algunos estados, si usted se casa después de hacer su testamento y no lo modifica después de la boda, su cónyuge obtendría una parte de la herencia como si usted no hubiera suscrito un testamento, a menos que ambos cónyuges hubieran suscrito un acuerdo prematrimonial, o que usted hubiera incluido en su testamento una disposición respecto a su cónyuge, o hubiera indicado específicamente en el testamento que usted no tenía intenciones de incluir en el testamento a ningún posible ni futuro cónyuge.

EJEMPLO

☛ John hizo su testamento dejándole todo a su hermano. Cuando se casó con Joan, heredera con mucho dinero, John no modificó su testamento porque seguía queriendo que su hermano obtuviera la herencia. Cuando murió John, Joan recibió toda la herencia y el hermano de John se quedó sin nada.

Sin embargo, en algunos estados casarse no modifica el testamento. Por lo tanto, si usted se olvida de hacer un nuevo testamento, su nuevo cónyuge podría ser omitido(a). Consulte las normas que corresponden a su estado, en el apéndice A.

DIVORCIARSE PUEDE MODIFICAR SU TESTAMENTO AUTOMÁTICAMENTE

En algunos estados, al divorciarse, se elimina automáticamente del testamento la parte del ex cónyuge. No obstante, no se confíe; es mejor preparar un nuevo testamento. Si su ex cónyuge intenta obtener una parte de la herencia porque su nombre aparece en el testamento, es posible que los costos judiciales para rebatir su reclamación sean considerables.

EJEMPLO ☞ George y Eunice hicieron sus respectivos testamentos dejándose uno a la otra la mitad de sus bienes y la otra mitad a sus hijos de matrimonios anteriores. Después de su divorcio, George olvidó hacer un nuevo testamento. Cuando murió George, Eunice contrató un abogado quien presentó una demanda para reclamar la mitad de la herencia. El abogado de sus hijos señaló que la reclamación de la viuda no tenía valor debido al divorcio, pero el abogado de la viuda exigió ir a juicio, esperando que los hijos pactaran la resolución del caso dándole a su clienta varios miles de dólares. Los hijos se negaron a este tipo de pacto, pero su abogado les cobró 5.000 dólares por representarlos.

En algunos estados, el divorcio *no* anula su testamento. Si usted no tiene tiempo de preparar un testamento nuevo después de su divorcio, sería conveniente anular su testamento. Esto se puede hacer rompiéndolo o por otros medios, como se indica en el Capítulo 5. Al anular su testamento, usted opta por utilizar el sistema de distribución de su estado para decidir quiénes serán sus herederos, lo cual, en todos los casos, no incluiría a su ex cónyuge. Véase el capítulo 2.

TENER HIJOS PUEDE MODIFICAR SU TESTAMENTO AUTOMÁTICAMENTE

En la mayoría de los estados tener un hijo podría modificar su testamento, en la medida en que el nuevo hijo obtendría una parte equivalente a la de los demás hijos. Sin embargo, en algunos estados, tener un hijo podría anular su testamento o dar lugar a que el nuevo hijo obtenga una parte mayor de la herencia que la que obtendrían los otros hijos.

EJEMPLO ☞ Dave hizo un testamento dejándole la mitad de la herencia a su hermana y la otra mitad a sus tres hijos. Más adelante tuvo otro hijo y no modificó el testamento. En algunos estados, tras su muerte, el cuarto hijo recibiría la cuarta parte de la herencia, su hermana obtendría tres octavos y los otros tres hijos obtendrían un octavo cada uno.

Cuando nace un hijo es mejor modificar el testamento. Sin embargo, otra de las soluciones posibles consiste en incluir la siguiente cláusula después de los nombres de los hijos que figuran en el testamento:

```
"...y a todo hijo que naciera después y estuviera
vivo en el momento de producirse mi muerte, en
partes iguales".
```

EN PUERTO RICO LOS HEREDEROS O LOS PADRES TIENEN DERECHO A DISTRIBUCIÓN FORZOSA

Según las leyes de Puerto Rico, sus herederos tienen derecho a heredar una porción de su patrimonio. Además del derecho de su cónyuge a la mitad de los bienes conyugales, la ley establece que sus hijos (en el caso de que los tuviera) tienen derecho a recibir las dos terceras partes de su patrimonio. La mitad de dicha cantidad se divide en partes iguales y la otra mitad puede dividirse como usted prefiera.

Si usted no tiene hijos (legítimos o ilegítimos), sus padres (si viven), tienen derecho a heredar la mitad de su patrimonio.

CÓMO SE PAGAN LAS DEUDAS

Uno de los deberes de la persona que administra el patrimonio heredable, consiste en pagar las deudas del difunto. Antes de distribuir una herencia se debe confirmar si las deudas pendientes son legítimas y después pagarlas.

Una de las excepciones son las *deudas con caución* (con garantía), o sea deudas en las cuales el acreedor se protege mediante el derecho de retención o un embargo preventivo contra la propiedad, como en el caso de un préstamo para vivienda o automóvil. En el caso de una deuda con garantía el préstamo no tiene que ser pagado antes de que puedan distribuirse los bienes.

EJEMPLO ☞ John es propietario de una casa de 100.000 dólares con una hipoteca de 80.000 dólares, y cuenta con 100.000 dólares en el banco. Si le deja la casa a su hermano y la cuenta bancaria a su hermana, su hermano obtendría la casa pero quedaría debiendo los 80.000 dólares de la hipoteca.

¿Qué sucedería si sus deudas fueran mayores que sus bienes? A diferencia de lo que ocurría hace cientos de años, hoy en día nadie puede heredar deudas de otra persona. Los bienes del difunto se utilizan primero para pagar los gastos del funeral y de la sucesión hereditaria, y si no sobra suficiente dinero para pagar las demás deudas... mala suerte para los acreedores. Sin embargo, si una persona deja ciertas propiedades a otras personas y no tiene suficientes medios para pagar sus deudas, la propiedad se tendrá que vender para pagar las deudas.

EJEMPLO ☞ El testamento de Jeb le deja todos sus bienes a sus tres hijos. En el momento de su muerte, Jeb tiene pendientes cuentas de 30.000 dólares por servicios médicos, 11.000 dólares de tarjetas de crédito y sus únicos bienes son su automóvil y 5.000 dólares en acciones. El carro y las acciones se venderían y el producto de la venta se destinaría a pagar los gastos fúnebres y otras deudas. Si sobra dinero, se utilizaría para pagar a los acreedores y a los hijos no les quedaría nada, pero no tendrían que pagar los saldos de las cuentas de médicos o tarjetas de crédito.

En muchos estados, los acreedores de un difunto sólo pueden efectuar reclamaciones con cargo a los bienes incluidos en la sucesión hereditaria. Tal cosa significa que si una persona registra su propiedad de manera que evite todo tipo de sucesión, las deudas que tenga después de su muerte no tendrán que pagarse.

EJEMPLO ☞ Al morir, Chris tenía una casa avaluada en 100.000 dólares junto con su esposa, una cuenta bancaria de 25.000 dólares con su esposa, un rancho avaluado en 200.000 dólares en propiedad conjunta con su hermano y 20.000 dólares en acciones, en un fideicomiso para sus hijos. Sus deudas consistían en 5.000 dólares de una tarjeta de crédito personal y 20.000 dólares de un negocio que sólo estaba registrado en su nombre. Dado que todos sus bienes pasarían a otras personas sin que se efectúe un trámite de sucesión, en muchos estados sus deudas no tendrán que pagarse y los herederos se quedarán con dichos bienes de manera clara y sin mayores complicaciones.

IMPUESTO A LA HERENCIA E IMPUESTO AL PATRIMONIO

Los impuestos al patrimonio son aquellos que se cobran según la cantidad de dinero que haya en la sucesión hereditaria y los impuestos a la herencia se calculan sobre la base de los bienes que recibe una persona con cargo a dicha herencia.

IMPUESTOS FEDERALES

El gobierno federal solamente aplica impuestos a los patrimonios mayores de 675.000 dólares. Esta cantidad aumentará durante los próximos años de acuerdo al siguiente plan, de manera que en el año 2006, solamente se aplicarán impuestos a los caudales patrimoniales de más de un millón de dólares.

Año	Cantidad
2000-2001	$675.000
2002-2003	$700.000
2004	$850.000
2005	$950.000
2006	$1.000.000

Las cantidades indicadas en este ejemplo se conocen como *crédito unificado*. Se trata de la porción del patrimonio exenta de impuestos. El crédito unificado se aplica al patrimonio que una persona deja tras su muerte y a las donaciones que efectúe en vida. Esto significa que si usted efectúa una donación en vida de 50.000 dólares, por ejemplo, el crédito unificado de su patrimonio será 50.000 dólares más bajo que las cantidades que se indican anteriormente.

EJEMPLOS ☞ Poco antes de su muerte, acaecida en 2002, Phillip le dio 500.000 dólares a su hermana. Cuando se efectuó la sucesión hereditaria, solamente los primeros 200.000 dólares quedaron libres de impuestos y el resto de sus bienes están sujetos a impuestos federales al patrimonio.

Sin embargo, hay una *exclusión anual* de 10.000 dólares por persona, lo cual significa que cada año usted puede darle a cualquier persona 10.000 dólares sin que cuente para el crédito unificado. Una pareja de casados puede duplicar esta cantidad y gozar de una exclusión de 20.000 dólares. La cantidad se ajustará a un índice según el nivel de inflación, con incrementos máximos de 1.000 dólares. Dado que dicha cantidad no ha cambiado en muchos años, algunos miembros del Congreso desean aprobar una ley para aumentar al doble la exclusión anual.

EJEMPLO ☞ Edna quisiera darles 5.000 dólares a cada uno de sus cinco hijos. Ella les da a cada uno 10.000 dólares por año durante cinco años, de manera que no afecte su crédito unificado.

IMPUESTOS ESTATALES Existen grandes diferencias respecto a los impuestos al patrimonio en los distintos estados. La mayor parte no aplican impuestos al patrimonio, a menos que se trate de caudales patrimoniales muy altos, y en dichos casos sólo gravan una cantidad que, de todos modos, habría sido cobrada por el gobierno federal.

En los siguientes estados existen impuestos a la herencia o al patrimonio y su porcentaje puede ascender al treinta y dos por ciento. Todos ellos eximen al cónyuge, excepto Maryland y Mississippi. Algunos de ellos eximen a los caudales patrimoniales pequeños o a los hijos. Si usted posee un patrimonio considerable y vive en uno de los estados que se indican, deberá consultar a un asesor fiscal a efectos de determinar los impuestos que su sucesión hereditaria o sus beneficiarios tendrán que pagar.

Estados en los que se cobra impuesto a la herencia y al patrimonio:

Connecticut	Mississippi	Ohio
Indiana	Montana	Oklahoma
Iowa	Nebraska	Pennsylvania
Kentucky	New Hampshire	South Dakota
Louisiana	New Jersey	Tennessee
Maryland	Nueva York	

Usted podría evitar la obligación de pagar impuesto al patrimonio si fija su residencia primaria en otro estado. Sin embargo, no olvide que en la mayoría de los estados existen impuestos a la renta o a las ganancias generadas por la inversión del capital. Los estados en los que no hay ni impuesto a la renta ni a las ganancias generadas por la inversión del capital, ni tampoco impuesto a la herencia ni al patrimonio son: Alaska, Florida, Nevada, Texas, Washington, y Wyoming.

Muchos hombres que en general actúan con bastante acierto fallan en estas dos cosas: se acuerdan de arrepentirse y de hacer testamento cuando ya es demasiado tarde.

—Tillotson

¿NECESITA USTED UN TESTAMENTO? 2

¿PARA QUÉ SIRVE UN TESTAMENTO?

BENEFICIARIOS

Un testamento le permite decidir quien se quedará con sus bienes después de su muerte. Es posible otorgar ciertos bienes personales específicamente a ciertas personas y decidir cuales de sus amigos o familiares (si usted lo desea) merecen recibir una parte de su herencia mayor que los demás. También se puede donar parte de sus bienes a escuelas y organizaciones de caridad.

ALBACEA
TESTAMENTARIO

Un testamento le permite decidir quién se encargará de la administración de su herencia. Se trata de la persona que reúne todos sus bienes y los distribuye entre los beneficiarios, contrata abogados o contadores si es necesario, y presenta las declaraciones impositivas o sucesorias esenciales que hagan falta. En cada estado a la persona que cumple estas funciones se lo llama de manera distinta: *albacea testamentario, representante personal* o *administrador*. Mediante un testamento, usted puede disponer que su albacea no tenga que depositar una fianza de seguridad ante el juzgado para poder desempeñar sus funciones y, de esta manera, se puede ahorrar algún dinero. Es también conveniente darle al albacea el poder de vender su propiedad y tomar otras decisiones sin necesidad de obtener una orden judicial.

TUTORES Y
CUSTODIOS

Las leyes le permiten elegir a un tutor para sus hijos menores de edad. De esta manera se evitan las discusiones entre los familiares y se asegura usted de que se harán cargo de sus hijos las personas más indicadas. También podría usted nombrar un tutor para encargarse de sus hijos y a un custodio para encargarse de su dinero. Por ejemplo, usted podría designar a su hermana como tutora de sus hijos y a su padre como custodio de su dinero. De tal manera, una segunda persona puede vigilar de que manera se emplea el dinero de los hijos.

PROTECCIÓN DE
LOS HEREDEROS

Se puede establecer un fideicomiso (trust) para disponer que sus bienes no se distribuyan de inmediato. Mucha gente opina que cuando los hijos llegan a la mayoría de edad legal, dieciocho años en la mayoría de los estados, no están preparados para manejar grandes cantidades de dinero. En el testamento se puede disponer que el dinero siga depositado hasta que los hijos cumplan veintiuno, veintidós o más años.

MINIMIZAR LOS
IMPUESTOS

Si el total de la herencia supera los 675.000 dólares (para el año 2006 esta cantidad aumentará a 1.000.000 dólares), estará sujeta a impuestos federales al patrimonio. Si desea usted reducir estos impuestos -efectuando donaciones benéficas, por ejemplo- lo puede hacer a través de un testamento. Sin embargo, este tipo de planificación de la administración patrimonial supera el alcance de este libro. Para más información al respecto deberá consultar a un abogado especializado en planificación de patrimonio o un libro sobre dicho tema.

¿QUÉ OCURRE AL MORIR SIN DEJAR TESTAMENTO?

Si usted no deja un testamento, las leyes de *sucesiones intestadas* de su estado determinan quiénes se quedan con sus propiedades. Como se explicó anteriormente, todo bien que usted tenga como propiedad conjunta y toda propiedad en fideicomiso se destinaría automáticamente a los beneficiarios. (En muchos estados esta disposición está sujeta a la distribución conyugal.) Pero todo bien que sólo esté registrado en su nombre se destinaría a las personas que indiquen las leyes del estado.

Las leyes de cada estado son diferentes, pero en general disponen lo siguiente:

☛ Si usted tiene un cónyuge e hijos los bienes se dividen entre ellos.

☛ Si usted tiene un cónyuge y padres o hermanos, pero no tiene hijos, en algunos estados se le otorgaría todo a su cónyuge, pero en otros estados se les da una parte a sus padres o hermanos.

☛ Si usted tiene hijos pero no cónyuge, sus hijos se quedan con todas sus propiedades.

☛ Si usted no tiene ni hijos ni cónyuge, sus padres se quedan con todos los bienes, excepto en algunos estados, en los cuales se les da una parte a sus hermanos.

☛ Si usted no tiene cónyuge, ni hijos ni padres, sus hermanos se repartirán sus propiedades.

☛ Si usted no tiene cónyuge ni hijos ni padres ni hermanos, sus bienes pasarán a sus abuelos, tíos o sobrinos, en ese orden.

Tenga en cuenta que éstas son sólo normas generales y en algunos estados este tipo de distribución puede registrar pequeñas diferencias.

¿SU TESTAMENTO SEGUIRÁ SIENDO VÁLIDO SI SE MUDA A OTRO ESTADO?

Un testamento válido en un estado seguramente seguiría siendo válido en otro estado como propiedad transferible. Si su testamento es *autohomologable* (self-proved), como se explica en el próximo capítulo, podría ser declarado válido sin tardanza. Sin embargo, si el testamento no es autohomologable, será necesario encontrar los testigos de su testamento y tomarles una declaración jurada y este trámite haría más lenta y costosa la validación de su testamento. Por dicho motivo, es recomendable formalizar un testamento nuevo al mudarse a otro estado.

Otra ventaja de hacer un testamento nuevo, es que de esta manera se evita el pago de impuestos al patrimonio en el estado anterior.

EJEMPLO   ☛ George y Barbara se marcharon de un estado donde pagaban altos impuestos, estaban jubilados (retirados) y se fueron a vivir a Florida, estado en el que no hay impuestos a la herencia ni al patrimonio, pero al mudarse no suscribieron un testamento nuevo. Después de que murieron, las autoridades del estado en el que residían anteriormente intentaron cobrarles el impuesto al patrimonio porque en el testamento decía que eran residentes de dicho estado.

¿QUIÉNES PUEDEN SUSCRIBIR UN TESTAMENTO?

En la mayoría de los estados puede suscribir un testamento toda persona de dieciocho años de edad o más que esté en plena posesión de sus facultades mentales. Sin embargo, en Georgia y Puerto Rico la edad mínima es de catorce años y en Lousiana dieciséis.

En muchos estados una persona que esté casada o forme parte de las fuerzas armadas puede hacer testamento aunque no haya alcanzado la mayoría de edad legal. Si usted se encuentra en una de estas dos circunstancias y desea hacer testamento, deberá consultar a un abogado.

LO QUE UN TESTAMENTO NO PUEDE HACER

Un testamento no puede indicar que se cometa ninguna acción ilegal y no puede establecer condiciones irrazonables para poder recibir bienes. Por ejemplo, cualquier tribunal no tendría en cuenta una disposición en la cual se diga que su hija se queda con todas sus propiedades siempre y cuando se divorcie de su marido. En este caso su hija se quedaría con sus bienes sin condición alguna. De todos modos, usted podría poner algunas condiciones en su testamento. Le recomendamos que consulte a su abogado para que éste le indique qué tipo de condiciones podrían cumplirse.

No es posible cederle dinero o propiedades a un animal a través de un testamento, porque desde el punto de vista legal los animales no pueden tener propiedades. Si usted desea que después de su muerte se sigan pagando los gastos de atención o cuidados de un animal, deberá depositar los fondos necesarios en un fideicomiso o a cargo de un amigo respecto al cual usted confíe en que se hará cargo del animal.

¿QUIÉNES PUEDEN SUSCRIBIR UN TESTAMENTO SIMPLE?

A través de los testamentos incluidos en este libro, se pueden dejar bienes, independientemente de que sumen 1.000 dólares o 100.000.000. No obstante, si su patrimonio supera los 675.000 dólares (esta cantidad aumentará a 1.000.000 dólares en 2006), usted podría evitar el pago de impuestos al patrimonio utilizando un fideicomiso u otro medio de ahorro impositivo. Cuanto mayor sea su fortuna, más podría ahorrar en impuestos al patrimonio, efectuando un tipo de planificación más complicada. Si usted posee un patrimonio considerable y le preocupa tener que pagar impuestos al patrimonio, deberá contactar con un abogado especializado en planeamiento de administración patrimonial o consultar un libro sobre dicho tema.

¿QUIÉNES NO DEBEN SUSCRIBIR UN TESTAMENTO SIMPLE?

POSIBLE IMPUGNACIÓN

Si usted supone que se producirán disputas por su herencia o que otra persona podría impugnar la validez de su testamento, deberá consultar a un abogado. Si usted le deja a su cónyuge una parte menor de la que se establece en las leyes sucesorias o si deja fuera de su testamento a un hijo o a varios hijos, es probable que alguien impugne su testamento.

SUCESIONES COMPLICADAS

Si usted es el beneficiario de un fideicomiso o tiene complicaciones en sus parentescos legales, tendrá que incluir disposiciones especiales en su testamento.

CEGUERA O IMPOSIBILIDAD DE FIRMAR

Una persona que sea ciega o que en vez de una firma sólo pueda poner una "X" deberá también preguntarle a un abogado cuál sería la manera adecuada de preparar y formalizar el testamento.

PATRIMONIOS DE MÁS DE $675.000

Si en el momento de su muerte usted espera tener más de 675.000 dólares (esta cantidad aumentará a 100.000 dólares en 2006), entonces, como se indica en la última sección, sería conveniente consultar las posibles consecuencias impositivas con un contador público titulado (CPA, siglas en inglés) o un abogado especialista en impuestos.

CONDICIONES

Si desea imponer cierto tipo de condiciones o limitaciones respecto a sus propiedades, deberá consultarlo con un abogado. Por ejemplo, si usted desea dejarle dinero a un hermano con la condición de que deje de fumar, o a un hospital con la condición de que le pongan su nombre a un pabellón a manera de homenaje, deberá consultar con un abogado a fin de asegurarse de qué tipo de condiciones son válidas en el estado en el que reside.

CÓMO HACER UN TESTAMENTO SIMPLE 3

IDENTIFICAR A LAS PARTES DE SU TESTAMENTO

PERSONAS

Al hacer su testamento es importante identificar claramente las personas a las que se nombra beneficiarias. En algunas familias un nombre y otro se diferencian únicamente por la inicial intermedia o por un "Jr." o "Sr." Cerciórese de verificar el nombre de todos los beneficiarios antes de preparar su testamento. Es posible añadir la relación que usted tiene con el beneficiario, y la localidad donde vive; por ejemplo: "my primo, George Simpson, de Clearwater, Florida".

ORGANIZACIONES

Lo mismo se aplica a las organizaciones y a las entidades de caridad. Por ejemplo, hay más de una agrupación que utiliza en su nombre las palabras "asociación de lucha contra el cáncer" (cancer society) o "asociación contra las enfermedades del corazón" (heart association). No olvide indicar el nombre correcto de la agrupación o asociación a la cual desea hacerle una donación.

CÓNYUGE E HIJOS

En la mayoría de los estados, debe usted mencionar a su cónyuge e hijos en el testamento, aunque no les deje nada. Eso debe hacerse para demostrar que usted está en plena posesión de sus facultades mentales y sabe quiénes son sus herederos. Como mencionábamos anteriormente, si usted tiene cónyuge o hijos y piensa dejarles sus bienes a otras personas, deberá consultar este asunto con un abogado para asegurarse de que su testamento podrá ponerse en práctica.

BIENES MUEBLES

Considerando que la gente adquiere y se deshace de bienes muebles con tanta frecuencia, no es aconsejable hacer una lista de pequeños objetos en su testamento. De lo contario cuando venda o reemplace uno de ellos podría verse obligado a modificar el testamento.

Una posible solución consiste en describir el tipo de artículo que desea dejar. Por ejemplo, en vez de decir "le dejo el Ford de 1998 a mi hermana", debería decir "le dejo a mi hermana el automóvil que sea de mi propiedad en el momento de mi muerte".

Desde luego, si desea dejar un artículo específico deberá describirlo. Por ejemplo, en vez de decir "le dejo mi anillo de diamante a Joan", debería decir "a Joan le dejo el anillo con un diamante de medio quilate que heredé de mi abuela", porque en el momento de su muerte es posible que tenga más de un anillo con diamantes (esperemos que sí...).

LISTA
MANUSCRITA DE
BIENES MUEBLES

En algunos estados, se permite dejar una lista manuscrita de bienes muebles, objetos de propiedad personal que usted desea que los obtengan ciertas personas y dicha lista tendría valor legal. En el apéndice A se hace una lista de los estados que permiten utilizar este tipo de recurso. Si el estado en el que usted vive figura en la lista, deberá usted escribir una lista a mano antes de hacer su testamento, firmarla y fecharla, e incluir la siguiente declaración bajo la cláusula de "legados específicos" de su testamento.

```
Podría dejar una declaración o una lista
disponiendo de ciertos objetos incluidos entre
mis bienes muebles, mi propiedad personal tangi-
ble. Cualquier declaración o lista existente en
el momento de mi muerte servirá para decidir lo
que se haga respecto a todos los artículos que
se cedan mediante el presente documento.
```

En la mayoría de los estados no se aceptan las notas manuscritas. Si cree que su familia cumplirá sus deseos, puede escribir una lista de los bienes muebles que usted desea que pasen a ciertas personas, pero tiene que tener presente que no existe ninguna disposición legal que obligue a cumplir su lista.

La sección 663 del Código de Impuestos Internos (Internal Revenue Code) permite la exclusión de la sucesión hereditaria de determinados legados específicos de bienes muebles. Si el caudal hereditario suyo supera los 675.000 dólares (esta cantidad aumentará a 100.000 dólares en 2006), le sería conveniente consultar con un abogado respecto a la posibilidad de aprovechar esta disposición.

LEGADOS ESPECÍFICOS

Ocasionalmente, una persona quisiera dejar algo a un amigo o una organización caritativa, y el resto a la familia. Esto se puede hacer mediante un *legado específico* como, por ejemplo: "le dejo 1.000 dólares a mi amiga Martha Jones". Por supuesto, podrían presentarse problemas si en el momento de la muerte de la persona que suscribe el testamento después de efectuados los legados específicos no queda nada.

EJEMPLO

☛ En el momento de efectuar su testamento, los bienes de Todd ascendían a 1.000.000 dólares. Se sentía generoso y legó 50.000 dólares a un hospital local, 50.000 a la sociedad protectora de animales sin hogar de la localidad, y el resto a sus hijos. Lamentablemente, varios años después, el mercado bursátil experimentó un gran "bajón" y Todd se suicidó lanzándose desde un puente. Su caudal hereditario en el momento era de sólo 110.000 dólares. Después de los legados específicos mencionados, los honorarios de los abogados y los gastos de la sucesión hereditaria, a sus cinco hijos no les quedó nada.

Otro de los problemas con los legados específicos es que parte de los bienes pueden tener un valor considerablemente mayor o menor en el momento de su muerte que en el momento de suscribirse el testamento.

EJEMPLO

☛ Joe quería que sus dos hijos se repartiesen la herencia en partes iguales. En el testamento Joe le dejaba a su hijo las acciones (avaluadas en 500.000 dólares en ese momento) y a su hija 500.000 dólares en efectivo. En el momento de la muerte de Joe, las acciones se cotizaban a sólo 100.000 dólares.

Joe debiera haber legado a cada uno de sus hijos "el cincuenta por ciento" de su herencia. Si dar ciertos objetos a determinadas personas constituye una parte importante de su plan hereditario, usted puede otorgar determinados objetos a ciertas personas, pero recuerde efectuar cambios si sus bienes experimentan cambios.

BENEFICIARIOS CONJUNTOS

Tenga cuidado si piensa dejar un objeto de propiedad personal (un bien mueble) a más de una persona. Por ejemplo, si le deja algo a su hijo y a la esposa de su hijo, ¿qué sucedería si se divorcian? Incluso si le deja un mismo artículo a dos de sus propios hijos, ¿qué ocurriría si no se pueden poner de acuerdo sobre quién tomará posesión de dicho artículo? Siempre que sea posible asigne cada bien a solamente una persona.

CLÁUSULA TESTAMENTARIA SOBRE LA HEREDAD RESIDUAL

Una de las cláusulas más importantes de un testamento es la *cláusula testamentaria sobre la heredad residual* ("remainder clause" o "residue clause", según en qué estado). Es la cláusula en la que se dice algo así como "todo el remanente de mis propiedades, el patrimonio residual se lo dejo a..." Esta cláusula asegura que en el testamento no se dejen de lado ninguno de los bienes que usted posea en el momento de su muerte, sin olvidar detalle alguno.

En un testamento simple, la mejor manera de distribuir bienes consiste en incluirlos todos en la cláusula sobre la heredad residual. En el primer ejemplo de la sección anterior se podrían haber evitado problemas si en el testamento hubiera dicho: "Lego el resto de mis bienes, mi heredad residual y el remanente de mis propiedades de la siguiente manera: el cinco por ciento al Hospital ABC, el cinco por ciento a la Sociedad Protectora de Animales XYZ y el noventa por ciento se dividirá en partes iguales entre mis hijos..."

BENEFICIARIOS SUSTITUTOS

Siempre se deberán adoptar disposiciones respecto a *beneficiarios sustitutos* para aquellos casos en que el beneficiario titular muera antes que usted y no hubiera oportunidad de hacer un testamento nuevo.

SUPERVIVIENTES O DESCENDIENTES

Suponga que su testamento le deja sus propiedades a su hermana y a su hermano, pero su hermano fallece antes que usted. ¿Debería su parte pasar a su hermana o a los hijos o nietos de su hermano?

Si usted está dejando ciertos bienes a dos o más personas y desea que una de ellas se quede con todo si la otra muere, deberá especificarlo diciendo que deja dichos bienes "al que sobreviva de los dos".

Por otra parte, si desea que los bienes pasen a los hijos de la persona fallecida, deberá agregar en su testamento algo así como "o a sus descendientes directos". De esta manera se incluiría a sus hijos y nietos.

En Puerto Rico se deberá especificar claramente quién desea usted que reciba sus bienes. Por ejemplo, si usted le deja bienes a su hermano y desea que los hijos de su hermano los hereden si su hermano muere antes que usted, en su testamento deberá decir: "...a mi hermano José Santiago, pero en el caso de que él muera antes que yo, a sus hijos María Santiago y Juan Santiago.

FAMILIAS O PERSONAS

Si usted decide que sus bienes pasen a los hijos y nietos de su hermano, usted deberá decidir si se deberá distribuir partes iguales a cada familia o a cada persona. Por ejemplo, si su hermano muere y tiene tres hijos, y uno de ellos es el hijo único de su hija (de la hija de usted) y los otros son los hijos de su hijo (del hijo de usted), ¿corresponde que todos los nietos obtengan partes iguales o deberán recibir la parte de sus padres?

Cuando usted desea que cada familia reciba una parte igual decimos que se trata de distribución *per stirpes* (por familia). Cuando usted desea que cada persona obtenga una parte igual, decimos que se trata de distribución *per cápita* (por cabeza). La mayor parte de los testamentos incluidos como ejemplos en este libro, utilizan la distribución *per stirpes*, porque es la manera más común. Si usted desea utilizar el método de distribución *per cápita* puede modificar los modelos de testamento efectuando los cambios correspondientes.

EJEMPLO ☞ Alice deja sus bienes a sus dos hijas Mary y Pat, por partes iguales, o a sus descendientes directos per stirpes. Ambas hijas mueren antes que Alice. Sobreviven un hijo de Mary y dos hijos de Pat. En este caso, el hijo de Mary obtendría la mitad de la herencia y los hijos de Pat se dividirían la otra mitad. Si Alice hubiera especificado que deseaba que la distribución fuera per cápita y no per stirpes, cada uno de los hijos habría obtenido la tercera parte de la herencia.

Distribución per stirpes

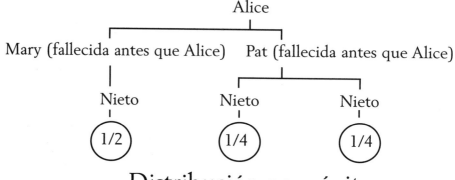

Distribución per cápita

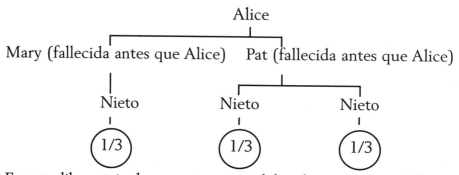

En este libro se incluyen catorce modelos de testamento diferentes, los cuales debieran cubrir las posibilidades que interesan a la mayoría de la gente, pero es posible que usted desee dividir su propiedad de manera un poco diferente a las que aparecen en tales modelos. Si es así, usted puede copiar a máquina o por computadora los modelos proporcionados, modificándolo de conformidad con estas normas, especificando si los bienes pasan al superviviente de los descendientes directos. Si estos procedimientos le resultan confusos, considere la posibilidad de consultar a un abogado.

Supervivencia

Mucha gente incluye en su testamento una cláusula en la que se establece que toda persona que obtenga bienes a través del testamento debe mantenerse viva durante treinta días (o cuarenta y cinco o sesenta días) después de la muerte de la persona que hace el testamento. Esta cláusula sirve para evitar la doble sucesión en el caso de que las dos personas beneficiarias mueran en el mismo accidente y que los herederos de uno de los fallecidos se queden con todos los bienes.

EJEMPLO ☛ Fred y Wilma estaban casados y cada uno de ellos tenía hijos de matrimonios anteriores. No tenían cláusulas de supervivencia del testador en sus testamentos y murieron en un accidente aéreo. Los hijos de Fred contrataron a varios testigos periciales (expert witnesses) y a un importante bufete de abogados para demostrar que en el momento en que se había producido el accidente, Fred había vivido unos minutos más que Wilma. De esa manera, al demostrarse que Wilma había muerto antes que Fred, toda su propiedad pasó a manos de Fred. A su vez, al aceptarse que Fred había muerto unos minutos después, todos los bienes de Fred y de Wilma pasaron a manos de los hijos de Fred. Los hijos de Wilma se quedaron sin nada.

Tutores y custodios

Si usted tiene hijos menores de edad, deberá nombrar a un tutor (guardian) que quede a cargo de ellos. Existe una diferencia respecto a lo que en inglés se conoce como "guardian", cuando se trata de alguien que queda a cargo de una *persona* lo llamamos tutor y cuando nos referimos a alguien que queda a cargo de dinero u otros bienes lo llamamos custodio. El tutor es la persona que decide dónde vivirán los hijos y toma las demás decisiones que hubieran correspondido a los padres. El custodio queda a cargo de las propiedades y la herencia de los hijos menores de edad. En la mayoría de los casos el tutor y el custodio son la misma persona. Sin embargo, hay quienes prefieren que sus hijos vivan con una persona y que el dinero quede a cargo de otra persona.

EJEMPLO ☛ Sandra era viuda y tenía una hija. Sabía que si le ocurría algo a ella, su hermana era la persona más adecuada para quedarse a cargo de su hija. Pero a su vez, la hermana de Sandra no sabía administrar bien el dinero. Por tal motivo, cuando Sandra hizo su testamento, nombró a su hermana como tutora de su hija, y su padre como custodio de la herencia de su hija.

Al designar un guardián o custodio, siempre es recomendable nombrar un guardián o custodio sustituto, en caso de que por cualquier motivo el titular no pueda encargarse de sus funciones.

FIDEICOMISO EN NOMBRE DE HIJOS MENORES DE EDAD

Cuando muere uno de los padres y le deja bienes a un hijo menor de edad, las propiedades de ese hijo quedan a cargo de un custodio cuyas funciones terminan cuando el hijo cumpla los dieciocho años de edad y reciba toda la herencia que le haya sido otorgada. De todos modos, la mayoría de los padres no creen que a los dieciocho años sus hijos sean capaces de manejar grandes sumas de dinero y prefieren postergarles el disfrute de su herencia hasta que cumplan veintiuno, veintidós, veinticinco, treinta años o más.

Si usted desea establecer un sistema complicado para decidir cuándo sus hijos deban recibir diversas cantidades de dinero del caudal hereditario, deberá usted consultar con un abogado a fin de establecer un fideicomiso. Sin embargo, si le basta con una sencilla disposición en la cual se estipule que los fondos sean retenidos hasta que los hijos sean mayores de dieciocho años y cuenta con una persona en quien pueda confiar para que tome decisiones respecto a pagar las matrículas escolares u otro tipo de gastos de sus hijos, usted puede incluir esta disposición en su testamento, como un fideicomiso en nombre de sus hijos menores de edad.

El custodio del fideicomiso en nombre de sus hijos puede ser o no la misma persona que el tutor. Es aconsejable designar un custodio sustituto, para cubrir la eventualidad de que el titular no pueda encargarse de tales funciones.

ALBACEA TESTAMENTARIO/ REPRESENTANTE PERSONAL

El *albacea testamentario* (también denominado *representante personal* o *administrador*) es la persona que estará a cargo de la sucesión testamentaria. El albacea reunirá sus bienes, se encargará de la venta de sus propiedades cuando haga falta, preparar un inventario, contratar un abogado y distribuir los bienes. Tiene que ser una persona en la que usted confíe y puede usted indicar en su testamento que albacea no se le requiera depositar una fianza de caución (de seguridad). Si usted no lo indica así, el tribunal de justicia podrá exigir que se pague una fianza de seguridad con cargo al caudal hereditario, a fin de garantizar que el albacea se comporte con honradez. Usted puede también designar a un banco para encargarse de la administración de la herencia, pero, generalmente, estos servicios son muy costosos.

Es mejor nombrar albacea a una persona que resida en el mismo estado, por dos motivos: en primer lugar porque es más fácil y en segundo lugar porque a quienes residen fuera del estado se les puede exigir una fianza independientemente de lo que diga su testamento.

Hay quienes prefieren nombrar a dos personas para encargarse de la administración de su herencia, para evitar celos o para que se vigilen entre sí a efectos de garantizar su honradez. Sin embargo, no es una buena idea. Se requiere doble trabajo en cuanto a firmar papeles y si no se ponen de acuerdo respecto a algún asunto pueden suscitarse problemas.

En general, la persona encargada de la administración de la herencia tiene derecho a algún tipo de remuneración. Algunos estados especifican un porcentaje determinado, mientras que otros permiten que se paguen honorarios por hora. Si se trata de un familiar, éste suele no exigir remuneración, pero si se requiere mucho trabajo incluso un familiar podría reclamar que se le paguen sus servicios, o podría también darse el caso de que otros familiares insistan en que se le pague algo. Usted puede indicar en su testamento que al albacea testamentario/representante personal se le paguen sus servicios.

En la mayor parte de los estados el albacea o representante personal no puede vender sus bienes inmuebles (propiedad inmobiliaria) sin aprobación del tribunal. Si usted confía en su albacea, se le recomienda evitarse los gastos y demoras que llevaría obtener tal aprobación, otorgándole el poder de vender sus bienes inmuebles sin autorización judicial.

TESTIGOS

En todos los estados -excepto en Vermont donde se requieren tres testigos- un testamento tiene que tener como testigos a dos personas. En Puerto Rico se requieren tres o cinco testigos, según el tipo de testamento. (Véase la sección denominada "Puerto Rico" en este mismo capítulo.) Cada estado tiene sus propias normas para establecer quienes pueden ser testigos competentes. Aunque en algunos estados se permite que los menores de edad oficien como testigos de un testamento, cerciórese de que ambos testigos sean mayores de dieciocho años.

Los testigos no deben ser beneficiarios del testamento. Aproximadamente en la mitad de los estados, los testigos *pueden* ser beneficiarios, pero incluso en dichos estados es mejor que no lo sean, de tal manera se evita que se planteen dudas sobre su integridad.

DECLARACIÓN JURADA AUTOHOMOLOGABLE

Para que un testamento tenga valor legal hacen falta dos testigos (excepto en Vermont, como ya hemos visto), y se recomienda decididamente, para la mayoría de los estados, incluir una declaración jurada notarizada *autohomologable* (self-proving). Generalmente se trata de una hoja aparte adjunta a su testamento, firmada y notarizada al mismo tiempo que se firma y notariza su testamento.

Si un testamento viene acompañado de una declaración jurada notarizada autohomologable, puede admitirse sin demora para la validación del testamento y sin necesidad de contactar con los testigos.

Sin una declaración jurada autohomologable, su testamento no puede aceptarse hasta que el correspondiente tribunal de justicia determine su validez. Este procedimiento suele significar que deberán localizar a los testigos a quienes se les pedirá que firmen una declaración jurada. Si los testigos están muertos, alguien se tendrá que encargar de verificar la letra de los testigos para asegurar que sus firmas son auténticas.

La lista incluida a continuación le dirá si usted puede utilizar una declaración autohomologable y, en caso afirmativo, qué tipo de formulario hay que utilizar.

En California, el Distrito de Columbia, Michigan, y Wisconsin, no es necesario utilizar dichos formularios y en Ohio y Vermont no los proporcionan.

Alabama	Form 17	Mississipi	Form 17
Alaska	Form 17	Missouri	Form 18
Arizona	Form 17	Montana	Form 17
Arkansas	Form 17	Nebraska	Form 17
California	No es necesario	Nevada	Form 17
Colorado	Form 17	New Hampshire	Form 20
Connecticut	Form 17	New Jersey	Form 18
Delaware	Form 18	New México	Form 17
D.C.	No es necesario	Nueva York	Form 17
Florida	Form 18	North Carolina	Form 18
Georgia	Form 18	North Dakota	Form 17
Hawaii	Form 17	Ohio	No disponible
Idaho	Form 17	Oklahoma	Form 18
Illinois	Form 17	Oregon	Form 17
Indiana	Form 17	Pennsylvania	Form 18
Iowa	Form 18	Puerto Rico	No disponible
Kansas	Form 18	Rhode Island	Form 18
Kentucky	Form 18	South Carolina	Form 17
Louisiana	Form 19	South Dakota	Form 17
Maine	Form 17	Tennessee	Form 17
Maryland	No es necesario	Texas	Form 21
Massachusetts	Form 18	Utah	Form 17
Michigan	No es necesario	Vermont	No disponible
Minnesota	Form 17	Virginia	Form 18

| Washington | Form 17 | Wisconsin | No es necesario |
| West Virginia | Form 17 | Wyoming | Form 18 |

En casos de emergencia, por ejemplo si usted está enfermo, no puede levantarse de la cama y no hay notario disponible, usted puede formalizar su testamento sin la página de autohomologación. Siempre y cuando tenga dos testigos sin intereses creados (tres en Vermont), y el procedimiento será válido. El único inconveniente es que al menos uno de los testigos tendrá que firmar una declaración jurada más adelante.

DESHEREDAR A ALGUIEN

Dado que daría lugar a que se impugnara en los tribunales, si usted tiene intenciones de desheredar a alguien no sería adecuado que hiciese su propio testamento. Sin embargo, es posible dejarle a un hijo menos que a otro porque usted ya le haya hecho una donación o un obsequio, o porque ese hijo necesita el dinero más que el otro.

Si usted le da más a un hijo que a otro, tendrá usted que declarar claramente por qué razones, a fin de demostrar que se trata de un plan que usted mismo pensó. De lo contrario, el hijo que reciba menos puede argumentar que usted no sabía lo que hacía y que no era competente para suscribir un testamento.

En Puerto Rico no se puede desheredar a los propios hijos sin tener un motivo legal justificado. Se admiten como posibles motivos que un hijo se hubiera negado a mantenerlo o que lo hubiera sometido a abusos verbales. En Puerto Rico, si se desea desheredar a un hijo, es necesario consultar a un notario público. En los cincuenta estados de la nación, un notario público se limita a tomar declaraciones juradas y confirman la identidad de los firmantes de documentos. Sin embargo, un notario público en Puerto Rico es como un abogado dedicado al ejercicio privado de su profesión.

Como mencionamos anteriormente, si usted no tiene hijos, sus padres (si están vivos) tienen derecho a recibir la mitad de s patrimonio. A ellos tampoco se les puede desheredar sin motivos legales justificados. Entre las circunstancias que podrían considerarse motivos legales justificados, pueden incluirse casos en que ellos lo hubieran acusado de un delito o se hubieran negado a pagarle su fianza cuando podrían haberlo hecho. Si desea desheredar a sus padres consulte a un notario.

ARREGLOS FUNERARIOS

Indicar en el testamento sus preferencias respecto a su entierro no le perjudicaría, pero desde el punto de vista legal, en la mayoría de los estados las instrucciones respecto a su funeral no pueden hacerse cumplir. A menudo el testamento no aparece hasta después del entierro. Por lo tanto, es mejor informar a su familia respecto a sus preferencias, o tomar uno mismo las medidas pertinentes.

FORMULARIOS

En este libro se incluyen diversos formularios que pueden usarse fácilmente. Se pueden recortar, fotocopiar o copiarlos en papel liso, a máquina o por computadora.

En Puerto Rico no utilice los formularios incluidos en este libro. Véase la sección específicamente relacionada con Puerto Rico.

TESTAMENTOS MANUSCRITOS

En algunos estados y en Puerto Rico se puede escribir a mano el propio testamento, sin ningún testigo, y se considerará válido. A este documento se le llama testamento *ológrafo*. Como regla general, deberá estar completamente escrito a mano de su puño y letra, además de estar firmado y fechado e indicar claramente su intención de que sea su testamento. Este procedimiento es válido solamente en los estados que se enumeran en el apéndice A.

Dado que se corren más riesgos de que por algún motivo se lo invalide por cualquier motivo, un testamento ológrafo sólo deberá suscribirse si usted lo necesita de urgencia y le resulta imposible encontrar a una persona que firme el testamento como testigo.

En Puerto Rico, el único tipo de testamento que se puede hacer sin los servicios de un notario es un testamento ológrafo.

LOUISIANA

El sistema judicial de Louisiana es diferente del de los demás cuarenta y nueve estados. El motivo es que se basa en el sistema jurídico francés y no en el inglés.

Bajo la ley de Louisiana existen dos tipos de testamentos. La ley original de testamentos requiere que un testamento sea transcrito por un notario, con tres personas que declaren como testigos (cinco si no son residentes locales), y seguir estrictamente ciertas formalidades.

Recientemente se aprobó en Louisiana una ley testamentaria similar a las de la mayor parte de los demás estados. Un testamento de este tipo sólo requiere dos testigos pero *deberá ser notarizado* y *cada página deberá ser firmada debidamente por el testador*. Respecto a Lousiana, hemos proporcionado una página notarial en vez de un testamento autohomologable. Asimismo, considerando que Louisiana en vez de condados ("counties") tiene parroquias ("parrishes"), se deberá tachar la palabra "County" y reemplazarla por la palabra "Parrish".

PUERTO RICO

El sistema judicial de Puerto Rico es también distinto del resto de Estados Unidos dado que se basa en el antiguo Código Civil español. Una de las grandes diferencias entre ambos sistemas es que en Puerto Rico, un notario público es como un abogado que ejerce su profesión en el sector privado.

En Puerto Rico hay tres clases de testamento: testamentos ológrafo, testamentos cerrados y testamentos abiertos. Un testamento ológrafo se puede preparar sin un notario, los testamentos cerrados y abiertos deben formalizarse con los servicios de un notario.

Testamento ológrafo. Como hemos explicado anteriormente, un testamento ológrafo es un testamento que usted escribe totalmente a mano, de su puño y letra. En Puerto Rico debe incluir la firma de usted, además del mes, el día y el año en los cuales usted estampa su firma. Sólo puede suscribirlo personas que alcancen la mayoría de edad y si contiene palabras borradas, corregidas o entrelineadas, usted deberá añadir una nota al respecto debajo de su firma.

Testamento cerrado. Un testamento cerrado es un testamento que puede ser escrito por usted o por otra persona de conformidad con sus instrucciones, en papel común, indicando el lugar, el día, el mes y el año. Si lo escribe usted mismo, deberá escribir en la parte superior de cada página que dicho documento constituye su última voluntad y testamento, y firmar al final, después de indicar las palabras que hubieran sido corregidas, borradas o entrelineadas. Si otra persona escribe el testamento, usted también tendrá que firmar cada página, hasta el final. Un testamento cerrado deber ponerse en un sobre, el cual deberá ser sellado en presencia de un notario y cinco testigos. El notario deberá redactar un memorándum en la envoltura exterior del testamento y seguir estrictamente los debidos procedimientos para garantizar su validez.

Testamento abierto. Un testamento abierto es el que se formaliza ante un notario y tres testigos después de que se les lee en voz alta. En la mayoría de los casos, el notario querrá participar en la redacción de dicho testamento. Si una persona inminentemente corre peligro de muerte, el testamento podrá formalizarse ante cinco testigos, sin notario. Si la persona que suscribe el testamento no muere dentro de un plazo de dos meses, el testamento queda anulado.

ADVERTENCIAS

En su testamento no deberá haber borraduras ni enmiendas con corrector líquido. Si por cualquier motivo resulta imposible hacer el testamento sin correcciones, a éstas tendrán que añadirse las iniciales de usted y de ambos testigos. Las páginas deberán abrocharse y al pie de cada página se deberá indicar "page 1 of 3" (página 1 de 3), "page 2 of 3" (página 2 de 3), etc. Si usted utiliza una página autohomologable o una página notarial, deberá incluir dicha página al numerar todas las páginas para que se incluya como parte del testamento. Cada página deberá llevar las iniciales de usted y de los testigos.

Un solo testigo presencial vale más que diez que cuenten lo que oyeron sobre los hechos.

—Plautus, c. 254 - 184 B.C.

CÓMO FORMALIZAR SU TESTAMENTO 4

La firma de un testamento es un hecho jurídico serio y debe efectuarse debidamente; de lo contrario podría ser declarado inválido. Se deberá realizar, preferentemente, en una sala privada, sin distracciones. Todas las partes se deberán observarse mutuamente al firmar y nadie se deberá marchar de la sala hasta que todos hayan firmado.

EJEMPLO

☛ Ebenezer estaba enfermo en una habitación pequeña sin poder salir de la cama. Le llevaron el testamento para que lo firmara, pero los testigos no pudieron ver la mano de Ebenezer firmando porque la cómoda (aparador) estaba en el medio. El tribunal no tuvo en cuenta su testamento y sus bienes fueron destinados a personas que no figuraban en el testamento.

Para estar seguro de que el testamento es válido se deberán seguir estas normas:

☛ Usted tiene que declarar a sus testigos lo siguiente: "Este es mi testamento. Lo he leído, lo entiendo y dice lo que yo quiero que diga. Quiero que ustedes dos (o tres) personas sean mis testigos". En contra de la creencia popular, no es necesario leérselo a los testigos ni dejar que ellos lo lean.

☛ Se debe fechar el testamento y firmar con su nombre al final, con tinta, exactamente como esté impreso en el testamento, y tendrá que poner sus iniciales en cada página ante la mirada de ambos testigos. En Louisiana se debe firmar cada página del testamento, con su firma completa, y notarizar el testamento.

☛ Usted y los otros testigos deberán observar mientras cada testigo firma con tinta sus iniciales en cada página.

DECLARACIÓN JURADA AUTOHOMOLOGABLE

Como se explica en el último capítulo, es importante adjuntar a su testamento una declaración jurada homologable, lo cual significa que hará falta que esté presente un notario público para presenciar la firma de cada uno. Si resulta imposible que un notario esté presente, su testamento seguirá siendo válido (excepto en Louisiana), pero el proceso de sucesión podrá verse retrasado.

Después de que sus testigos hayan firmado debajo de su nombre, como testigos que dan fe de su testamento, usted y ellos deberán firmar la página autohomologable y el notario la deberá notarizar. Ninguno de sus testigos deberá oficiar en calidad de notario.

Sería buena idea hacer un mínimo de una fotocopia de su testamento, pero no se aconseja que usted firme las copias personalmente o las haga notarizar. El motivo es porque si usted cancela o destruye su testamento, otra persona podría aparecerse con una copia y hacerla validar; o si usted pierde o destruye una copia, el tribunal podrá suponer que su intención era dejar sin efecto el original.

EJEMPLO

☛ Michael copió a máquina su testamento y sacó dos fotocopias. Después le dio el original a su hermana, a quien había designado para cumplir funciones de albacea testamentaria, y guardó las dos copias. Tras su muerte, las dos copias no se pudieron encontrar entre sus papeles. Dado que dichas copias estaban en su poder y no pudieron hallarse, se dio por sentado que Michael las había destruido. Un tribunal decidió que al destruir los originales, Michael debió haber intentado anular el original, motivo por el cual se quedaron con todas sus propiedades personas no incluidas en su testamento.

En Puerto Rico un notario debe encargarse de la formalización de un testamento. El notario debe proceder en todo momento con sujeción a la ley. Si un testamento no es válido debido a incumplimiento de la ley el notario puede ser declarado responsable.

Cuando alguien cometía un error solía exclamar: "Para eso hay borradores".

—Clarence Darrow

5

DESPUÉS DE FIRMAR SU TESTAMENTO

DONDE GUARDAR SU TESTAMENTO

Deberá usted guardar su testamento en un sitio a prueba de incendios y que sea fácilmente accesible para sus herederos. Su representante personal o albacea deberá conocer dicho sitio. Puede guardarse en la propia casa, en una caja fuerte o a prueba de incendios.

En algunos estados, abrir una caja de seguridad en un banco después de la muerte de una persona suele ser complicado. Por eso no se aconseja el uso de cajas de seguridad bancarias.

Si puede confiar en sus hijos para estos propósitos, usted podría permitirle a uno de ellos guardar el testamento en su propia caja de seguridad. Sin embargo, tal decisión podría originar problemas si más adelante decide limitar la parte que le correspondería a ese hijo.

EJEMPLO ☛ En su testamento Diane les deja a sus bienes a sus dos hijos por partes iguales, y se los asigna en custodia a su hijo mayor Bill. Transcurridos varios años, Bill se mudó fuera de la localidad y la hija menor de Diane, Mary, se hizo cargo de ella y comenzó a visitarla todos los días. Diane hizo un testamento nuevo otorgando la mayor parte de sus bienes a Mary. Tras la muerte de Diane, Bill regresó a la ciudad y descubrió el testamento nuevo en la casa de Diane, pero lo destruyó y posteriormente validó el testamento antiguo, quedándose así con la mitad de los bienes de su madre.

En algunos estados, se puede tramitar la validación de un testamento a través de la división de sucesiones del sistema de tribunales local. Este procedimiento es conveniente para asegurarse de que no se pierda su testamento. Sin embargo, en caso de que usted desee anular su testamento mientras está en el hospital este procedimiento podría complicar la situación.

PUERTO RICO

En Puerto Rico, si se tiene un testamento cerrado, no se puede abrir el sobre sellado. De lo contrario supondrán que el testamento ha sido anulado. Es posible, incluso, que sea anulado si otra persona abre dicho sobre, o si la envoltura exterior del testamento tiene algún tipo de rotura o desgarrón. Por consiguiente, se recomienda que el testamento lo guarde una persona en quien usted pueda confiar, como el notario que lo autenticó, por ejemplo.

ANULAR SU TESTAMENTO

El procedimiento usual para anular un testamento consiste en formalizar uno nuevo en el que se diga que anula todos los testamentos anteriores. Para anular un testamento sin hacer uno nuevo se puede romper, quemar, cancelar, ensuciar, obliterar o destruir el anterior, siempre que sea con la intención de anularlo. Si ocurre por accidente el testamento anterior no quedaría anulado desde el punto de visa legal.

EJEMPLO

☛ Ralph le dice a su hijo Clyde que baje a la caja fuerte del sótano y rompa su testamento (de Ralph). Si Clyde no lo rompe en presencia de Ralph, seguramente no podrá considerarse anulado.

RESTABLECIMIENTO

¿Y si usted modifica su testamento redactando uno nuevo y después decide que no lo convencen los cambios y desea restablecer el anterior? ¿Se puede destruir el nuevo y restablecer el antiguo? ¡NO! Una vez que se formaliza un testamento nuevo y se destruye el antiguo, no se puede restablecer el antiguo a menos que se formalice un documento nuevo donde se declare que usted tiene intención de restablecer el testamento anterior. En otras palabras, tendrá que formalizar un testamento nuevo.

En Puerto Rico las leyes son diferentes. Se puede restablecer un testamento antiguo anulando uno nuevo y declarando con claridad sus intenciones. Sin embargo, generalmente se recomienda formalizar un testamento nuevo para evitar cualquier malentendido.

CÓMO MODIFICAR SU TESTAMENTO

No se deberán efectuar cambios en su testamento después de que haya sido firmado. Si tacha el nombre de una persona o agrega una cláusula a un testamento ya firmado, esos cambios no serán válidos y podrían invalidar su testamento por completo.

Una de las maneras de enmendar un testamento consiste en formalizar un *codicilo*. Un codicilo es una enmienda a un testamento. Sin embargo, el codicilo deberá formalizarse igual que el testamento. Se necesita la misma cantidad de testigos y tiene que ser autohomologable, para lo cual deberá incluir una página autohomologable que deberá ser notarizada.

Dado que un codicilo requiere las mismas formalidades que un testamento, generalmente es mejor hacer un testamento nuevo.

En casos de emergencia, si se desea cambiar algo en su testamento pero no puede obtener los servicios de un notario para autohomologarlo (autovalidarlo), usted podrá formalizar un codicilo que cuente con testigos, pero no autohomologable. Siempre y cuando haya sido presenciado por testigos (dos testigos en todos los estados menos en Vermont, donde se requieren tres), podrá modificar su testamento legalmente. El único inconveniente es que los testigos tendrán que firmar una declaración jurada más adelante si el codicilo no es autohomologable.

A fin de preparar un codicilo en cualquier estado menos en Louisiana, utilice el formulario 22. Para autohomologar (autovalidar) el codicilo, utilice los formularios 23, 24 o 25. En las páginas 35-36 se incluye una lista de los formularios que deben utilizarse en cada estado.

CÓMO HACER UN TESTAMENTO EN VIDA 6

Un testamento en vida no es una cinta de video en la que aparece una persona haciendo un testamento. No tiene nada que ver con los testamentos que suelen suscribirse para repartir propiedades. Un testamento en vida es un documento en el cual una persona declara que no desea que se utilicen sistemas artificiales para prolongarle la vida si llegara a sufrir una enfermedad terminal.

Es frecuente que la ciencia moderna sea capaz de mantener vivo el cuerpo humano aunque el cerebro esté muerto permanentemente, o si la persona sufre dolor constantemente. En los últimos años todos los estados han legalizado los testamentos en vida mediante leyes o decisiones judiciales. Algunos estados han sugerido formularios y otros permiten cualquier documento escrito en el cual se expresen razonablemente los deseos de la persona.

Un testamento en vida debe firmarse en presencia de dos testigos que no sean familiares consanguíneos ni el cónyuge. Si la persona se ve impedida físicamente de firmar, seguramente tendrá que leer el testamento en voz alta e indicarle a uno de los testigos que firmen.

En el Apéndice C de este libro se incluye un formulario para testamento en vida. Este formulario cumple las normas legales de todos los estados. Sin embargo, algunos médicos se sienten más cómodos con el formulario diseñado por su propio estado, aunque no sea de

uso obligatorio. Si desea utilizar el formulario de su estado, seguramente podrá obtener un ejemplar pidiéndoselo a su médico o al hospital, o consulte el libro *How to Write your Own Living Will* (Cómo
preparar un testamento en vida) de Edward A. Haman.

CÓMO HACER TESTAMENTOS ANATÓMICOS

7

Se autoriza que los residentes de todos los estados donen sus cuerpos u órganos para la investigación médica o transplantes. La autorización puede darla un familiar de la persona fallecida, pero, considerando que los familiares suelen estar en estado de *shock* o sumamente alterados para tomar ese tipo de decisión, es mejor declarar con claridad sus propias intenciones al respecto antes de morir. Esto se puede efectuar mediante una declaración en un testamento u otro documento firmado tal como la tarjeta de donante conocida como "Uniform Donor Card". La donación puede ser de todo el cadáver o de parte del cuerpo. Puede efectuarse a nombre de una persona específica, un médico o un pariente enfermo, por ejemplo.

El documento para efectuar la donación deberá firmarse en presencia de dos testigos, quienes también firmarán uno frente al otro. Si el donante no puede firmar, entonces otra persona deberá firmar por él según sus instrucciones, en presencia de los testigos.

El donante podrá designar en el documento al médico que se encargará del procedimiento.

Si el documento ha sido entregado a un receptor específico, el donante podrá enmendarlo o anularlo de las siguientes maneras:

☛ Formalizando una declaración firmada y entregándosela a la persona receptora.

- Mediante una declaración verbal ante dos testigos transmitida a la persona receptora.

- A través de una declaración verbal efectuada ante un médico que lo esté atendiendo durante una enfermedad terminal y transmitida a la persona receptora.

- Mediante un documento firmado por el donante o por una persona que firme en nombre del donante.

Si el documento para efectuar la donación no ha sido entregado a la persona receptora, podrá ser anulado de cualquiera de las formas mencionadas anteriormente o procediendo a destruir, cancelar o mutilar el documento. También puede anularse de la misma manera que se anula un testamento, como se indica en la página 44.

En el Apéndice C se incluye una tarjeta para donaciones anatómicas (Uniform Donor Card), como formulario 27. Debe firmarse en presencia de dos testigos que a su vez firmen también.

GLOSARIO

Para preparar un testamento, deberá usted comprender la terminología legal que se utiliza en la planificación de la herencia y declaración de validez de un testamento.

administrador. Persona designada por un tribunal judicial para administrar la herencia de una persona (por ejemplo: si no se ha nombrado ningún albacea testamentario).

albacea testamentario. Persona a la cual a través de un testamento se la nombra para administrar el patrimonio de una persona fallecida. En algunos estados se le conoce como representante personal.

asignación familiar. Cantidad que la ley le permite recibir al cónyuge y a los hijos del difunto.

beneficiario. Persona a la cual se le legan propiedades a través de un testamento.

codicilo. Enmienda a un testamento.

descendiente. Hijo, nieto, bisnieto, etc.

difunto. Persona que ha muerto.

distribución electiva. La cantidad de bienes que un cónyuge puede reclamar aunque en el testamento no se le hubiera dejado nada.

distribución forzosa. Véase *distribución electiva,* más arriba.

fideicomiso Totten. Propiedad en "fideicomiso", en nombre de una persona determinada, que puede cambiarse en cualquier momento antes de la muerte.

heredero. Persona que sin testamento hereda bienes de otra persona.

intestado. Situación que se produce al morir una persona sin testamento válido.

legar. (o formular legados) Ceder bienes muebles (propiedades personales) a otros mediante un testamento.

legado. Donación de bienes muebles a través de un testamento.

legado de bienes inmuebles. donación de propiedad inmobiliaria a través de un testamento.

legatario de bienes inmuebles. Persona que recibe propiedad inmobiliaria a través de un testamento.

legado especifico de bienes inmuebles. Donación de una propiedad inmobiliaria específica a una persona específica mediante un testamento.

legado especifico de bienes muebles. Donación de un bien mueble específico a una persona específica mediante un testamento.

notario público. En los cincuenta estados, un funcionario público facultado para tomar declaraciones juradas y confirmar la identidad de los firmantes de un documento. En Puerto Rico es un funcionario público facultado para preparar testamentos y otros documentos legales.

POD. (también **P/O/D**) A pagar tras la muerte, generalmente para cuentas bancarias y, en algunos estados, valores cotizables.

propiedad conjunta. (también denominada **propiedad conjunta con derecho a supervivencia**) Propiedad de aquellos bienes que, tras la muerte de un copropietario, pasan al otro copropietario.

propiedad en común. Propiedad en un régimen tal que, tras la muerte, la parte que le corresponde a cada propietario pasa a sus herederos o beneficiarios.

propiedad exenta. Propiedad que generalmente utiliza la familia del difunto y que no se considera parte de la herencia.

propiedad indivisible. En algunos estados, la propiedad de bienes por parte de los cónyuges como una entidad única. Cuando uno muere, el otro es propietario de todo.

representante personal. Una persona nombrada en un testamento para manejar la propiedad del difunto. En algunos estados, a esta persona ahora se la llama albacea.

residuo. Saldo de la herencia después de haberse efectuado la distribución específica.

sucesión hereditaria. (también **sucesión testamentaria** y **validación del testamento**) Los procedimientos para reunir todos los bienes del difunto y distribuirlos entre los correspondientes herederos y beneficiarios.

sucesión intestada. La cantidad de bienes que recibe un heredero con cargo al caudal hereditario de una persona que muere sin testamento.

testador. Persona que suscribe un testamento.

testamento de vida. Documento en el cual se indica al personal médico si deben usarse o no medidas extraordinarias para mantener vivo el cuerpo de una persona después del cese de ciertas funciones vitales.

testar. Contar con un testamento válido.

TOD. (también **T/O/D**) A transferir tras la muerte. Generalmente utilizado en cuentas bancarias y, en algunos estados, valores cotizables.

vivienda familiar. (bien de familia) En algunos estados, la vivienda de una persona casada o con hijos menores de edad.

APÉNDICE A:
LAS LEYES ESTATALES

Como las leyes son diferentes en cada estado, las tablas siguientes han sido incluidas para proporcionar información específica sobre su estado. Tenga presente que las leyes cambian frecuentemente y como se interpretan depende de la tribunal.

EL DERECHO DEL ESPOSO A LA PROPIEDAD

La tabla siguiente es un resumen de la porción de una propiedad que se atribuye a un esposo por ley en cada estado. Donde hay fracción o porcentaje es indicación de la porción de la propiedad que es se tiene que legalizar, y donde se encuentra la palabra aumentada significa que se usa todos los recursos que pasan a la muerte para calcular la porción. Donde se encuentra la palabra "comunitario" significa que se divide en mitad porque es un estado de Propiedad Comunitario y cada esposo/a se titula con mitad de la propiedad adquirida durante el matrimonio. Donde dice "hasta un cincuenta por ciento", normalmente se base en la duración del matrimonio y la propiedad se divide hasta un 50% en algunos estados.

Tenga presente que éstos son resúmenes breves y que las leyes pueden cambiar. Verifica la más reciente versión de su estatuto estatal o consulta con un abogado si se enfrenta con esta tema cuando planifica la distribucion de su propiedad.

El estado	Porción	Estatuto
Alabama	$^1/_3$ aumentada	C.A. § 43-8-70
Alaska	$^1/_3$ aumentada	A.S. § 13.12.201-.214
Arizona	$^1/_2$ comunitario	A.R.S. § 25-211
Arkansas	$^1/_3$ a $^1/_2$	A.C.A. § 11-301, 305, 307
California	$^1/_2$ comunitario	A.C.C. Probate § 6560
Colorado	5% a 50% aumentada	C.R.S.A. § 15-11-201
Connecticut	$^1/_3$ por vida	C.G.S.A. § 45A-436
Delaware	$^1/_3$ aumentada	D.C.A. 12 §§ 901 TO 908
D. C.	$^1/_3$ hasta $^1/_2$	D.C.C. § 19-113(e)
Florida	30% aumentada	F.S. § 732.201, 732.2065
Georgia	mantenimiento por un año	C.G.A. § 53-3-13
Hawaii	hasta 50% aumentada	H.R.S. § 560:2-201
Idaho	$^1/_2$ aumentado cuasicomunitario	I.C. § 15-2-203
Illinois	$^1/_2$ si no hay hijos, $^1/_3$ si hay hijos	755 ILCS 5/2-8
Indiana	$^1/_2$ si no hay hijos, $^1/_3$ si hay hijos	A.I.C. § 29-1-3-1
Iowa	$^1/_3$ más todo lo eximido	I.C.A. § 633.238
Kansas	hasta 50% aumentada	K.S.A. § 59-6a202

Kentucky	$^1/_2$ propiedad personal, $^1/_3$ bienes raíces	K.R.S. § 392.020 and -.080
Louisiana	$^1/_2$ comunitario	
Maine	$^1/_3$ aumentada	18a M.R.S.A. §§ 2-201
Maryland	$^1/_2$ si no hay hijos, $^1/_3$ si hay hijos	A.C.M. Est. & Tr. § 3-203
Massachusetts	$25k + $^1/_2$ sin hijos, $^1/_3$ con hijos	A.L.M. C.191 § 15
Michigan	$^1/_2$ a intestate	M.S.A. § 27.5282; M.C.L.A. § 700.282
Minnesota	hasta 50%	M.S.A. § 524.2-202
Mississippi	$^1/_2$	M.C. §§ 91-1-7; 91-5-25; 91-5-27
Missouri	$^1/_2$ sin hijos, $^1/_3$ con hijos	A.M.S. § 474-160
Montana	hasta 50% aumentada	M.C.A. § 72-2-221
Nebraska	$^1/_2$ aumentada	R.S.N. § 30-2313
Nevada	$^1/_2$ comunitario + mantenimiento	N.R.S. § 146.010
New Hampshire	$^1/_2$ +$10K sin hijos, $^1/_3$ con hijos	N.H.R.S.A. § 560:10
New Jersey	$^1/_3$ aumentada	N.J.S.A. § 3B:8-1
New Mexico	$^1/_2$ comunitario	
New York	$^1/_2$ sin hijos, $^1/_3$ con hijos	C.L.N.Y., E.P.&Tr. § 5-1.1(c)
North Carolina	$^1/_4$ a $^1/_2$	G.S.N.C. §§ 29-14 and 30-1
North Dakota	$^1/_2$ aumentada?	N.D.C.C. § 30.1-05-01
Ohio	$^1/_2$ sin hijos o 1 hijo, $^1/_3$ con dos hijos	O.R.C. § 2106.01
Oklahoma	$^1/_2$ propiedad matrimonial	84 O.S.A. § 44
Oregon	$^1/_2$ comunitario	O.R.S. § 112.705 -.775
Pennsylvania	$^1/_3$ aumentada	20 Pa. C.S.A. § 2203
Puerto Rico	$^1/_2$ más porción de las propiedades en herencia a los hijos	P.R.C.C. § 2411
Rhode Island	$^1/_3$ bienes raíces por vida + $75,000	G.L.R.I. §§ 33-1-6, 33-25-2
South Carolina	$^1/_3$	C.L.S.C. § 62-2-201
South Dakota	hasta 50% aumentada	S.D.C.L. § 29A-2-202
Tennessee	10% a 40%	T.C.A. § 31-4-101
Texas	$^1/_2$ comunitario	Texas Constitution § 15
Utah	$^1/_3$ aumentada	U.C.A. § 75-2-202
Vermont	$^1/_3$ o más	V.S.A. §§ 401 and 402
Virginia	$^1/_2$ sin hijos, $^1/_3$ con hijos	C.V. § 64.1-16
Washington	$^1/_2$ comunitario	
West Virginia	hasta 50% aumentada	W.V.C. § 42-3-1
Wisconsin	$^1/_2$ comunitario	W.S.A. § 851.001
Wyoming	$^1/_2$ sin hijos del esposo anterior, $^1/_4$ si hay hijos del esposo anterior	W.S.A. § 2-5-101

ESTATUTOS ESTATALES QUE PERMITEN EL TRASLADO DE SEGURIDADES A LA MUERTE

Los estados siguientes permiten registrar las seguridades en el formulario del transferir-en-muerte (T.O.D.). Si su estado se encuentra en la lista siguiente, usted puede pedir que sus acciónes y cuentas de fondos mutuos se preparen en el formato del transferir-en-muerte (vea página 9).

Si no encuentra a su estado, verifica con su corredor, agente de bolsa, abogado o vea a los estatutos estatales y averigüe si la ley de su estado ha cambiado. O usted puede mover sus cuentas a una compañía situada en un estado que haya pasado esta ley.

Alabama	A. C. §§ 8-6-140 a 8-6-151
Alaska	A.S. 13.06.050, 13.33.301 a 13.33.310
Arizona	A.R.S. §§ 14-1201, 14-6301 a 14-6311
Arkansas	A.C.A. §§ 28-14-101 a 28-14-112
California	Probate Code §§ 5500 a 5512
Colorado	C.R.S.A. §§ 15-10-201, 15-15-301 a 15-15-311
Connecticut	C.G.S. §§ 45a-468 a 45a-468m
Delaware	12 Del. C. §§ 801 a 812
Florida	F.S. §§ 711.50 a 711.512
Hawaii	H.R.S. §§ 539-1 a 539-12
Idaho	I.C. §§ 15-6-301 a 16-6-312
Illinois	S.H.A. 815 ILCS 10/0.01 a 10/12
Indiana	I. C. §§ 32-4-1.6-1 a 32-4-1.6-15
Iowa	I. C. §§ 633.800 a 633.811
Kansas	K.S.A. 17-49a 01 a 17-49a 12
Kentucky	K. S. 292.6501 a 292.6512
Maine	18A M.R.A. §§ 6-301 a 6-312
Maryland	Code, Estates and Trusts, §§ 16-101 a 16-112
Massachusetts	M.G.L. c. 201E, §§ 101 a 402
Michigan	M.C.L.A. §§ 451.471 a 451.481
Minnesota	M.S.A. §§ 542.1-201, 524.6-301 a 524.6-311
Mississippi	Code §§ 91-21-1 a 91-21-25
Montana	M.C.A. §§ 72-1-103, 72-6-301 a 72-6-311

Nebraska	R.R.S. 1943, §§ 30-2209, 30-2734 a 30-2746
Nevada	Statutes §§ 111.480 a 111.650
New Hampshire	R.S. §§ 563-C:1 a 563-C:12
New Jersey	N.J.S.A. 3B:30-1 a3B:30-12
New Mexico	N.M.S.A. 1978, §§ 45-1-201, 45-6-301 a 45-6-311
North Dakota	N.D.C.C. 30.1-01-06, 30.1-31-21 a 30.1-31-30
Ohio	R.C. §§ 1709.01 a 1709.11
Oklahoma	71 Okl.St.Ann. §§ 901 a 913
Oregon	O.R.S. 59.535 a 59.585
Pennsylvania	20 Pa. C. S. §§ 6401 a 6413
Rhode Island	Gen. laws. §§ 7-11.1-1 a 7-11.1-12
South Carolina	Code §§ 35-6-10 a 35-6-100
South Dakota	S.C.D.L. 29A-6-301 a 29A-6-311
Utah	U.C.A. 1953, 75-6-301 a 75-6-313
Virginia	Code 1950, §§ 64.1-206.1 a 64.1-206.8
Washingan	R.C.W.A. 21.35.005 a 21.35.901
West Virginia	Code, 36-10-1 a 36-10-12
Wisconsin	W.S.A. 705.21 a 705.30
Wyoming	W.S. 1977, §§ 2-16-101 a 2-16-112

ESTADOS DONDE EL MATRIMONIO REVOCA UN TESTAMENTO

En los estados siguientes, un testamento hecho por una persona se revoca por su matrimonio a menos que esa persona mencione a su destinado esposo/a en el testamento.

Alabama
Alaska
Arizona
California
Colorado
Connecticut
D.C.
Florida
Georgia
Hawaii
Idaho
Iowa
Kansas
Kentucky
Maine
Maryland
Massachusetts
Michigan
Minnesota
Montana
Nevada
New Hampshire   [si ha habido un hijo]
Oklahoma   [si ha habido un hijo]
Oregon
Pennsylvania
Rhode Island
South Dakota
Tennessee   [si ha habido un hijo]
Washingan
West Virginia
Wisconsin

LOS ESTADOS EN QUE UNA LISTA DE PROPIEDAD PERSONAL ESCRITA A MANO SE PUEDE USAR CON TESTAMENTO

Una persona puede escribir a mano una lista de propiedad personal en los estados siguientes. Esta lista se debe honrar si se refiere a él en el testamento. Debe ser completamente escrito a mano, fechada antes que el del testamento y se debe firmar con bolígrafo o pluma tinta.

Alaska*

Arizona*

Arkansas

California

Colorado*

Florida*

Hawaii*

Idaho*

Kentucky

Louisiana

Maine*

Michigan*

Minnesota*

Mississippi

Montana*

Nebraska*

Nevada

New Jersey

New Mexico*

North Carolina*

North Dakota*

Oklahoma

Puerto Rico

Pennsylvania

South Carolina

South Dakota*

Tennessee

Texas

Utah*

Virginia

West Virginia

Wyoming

*Estados que tienen estatutos específicos sobre las cláusulas de bienes materiales. Es legal en los demás porque permiten a los testamentos escritos a mano.

ESTADOS EN QUE UN TESTAMENTO ESCRITO A MANO ES LEGAL SIN TESTIGOS

En los estados siguientes, un testamento que es completamente escrito a mano, firmado, y fechada por el testador es válido aun cuando no hubo testigos. Sin embargo, debe ser completamente escrito a mano, con la fecha completa y la firma del testador.

Alaska
Arizona
Arkansas
California
Colorado
Hawaii
Idaho
Kentucky
Louisiana
Maine
Michigan
Mississippi
Montana
Nebraska
Nevada
New Jersey
North Carolina
North Dakota
Oklahoma
Puerto Rico
Pennsylvania
South Dakota
Tennessee
Texas
Utah
Virginia
West Virginia
Wyoming

Apéndice B
Ejemplos de
formularios llenados

Las páginas siguientes incluyen formularios llenados como muestra para algunos de los testamentos en este libro. Están llenados de maneras diferentes para las distintas situaciones. Se recomiende que vea cómo cada sección se puede completar.

Aunque sólo un ejemplo de la Declaración Notarizada se muestra, se aconseja que use esta página para todos los estados que lo permiten.

Último Testamento

YO, ___JUAN DIAZ ALVAREZ___ un residente del condado de ___Dade___, ___Florida___ hago por la presente, publico, y declaro este ser mi Último Testamento, y por la presente revoco todos los Testamentos y Codicilos previamente hecho por mí.

PRIMERO: Yo dirijo que todas mis deudas y gastos de entierro se paguen lo tan pronto que sea posible de mi propiedad poco después mi muerte.

SEGUNDO: Yo doy, lego, y dejo las herencias específicas y siguientes:
Puedo dejar una declaración o lista que dispone de ciertos artículos de mis bienes materiales personales. Cualquier tal declaración o lista que existe en el momento de mi muerte será determinante con respecto a todos los artículos lejados más adelante.---

_____   (Aviso: Esta cláusula sólo es legal _____
                        en ciertos estados, vea el apéndice A]

TERCERO: Yo doy, lego, y dejo en herencia todas mis propiedades, bienes raices, personal, y mixto de cualquier tipo y dondequiera que se situa de que asió o poseyó, o en el que tengo algún interés o en la que yo tengo poder de nombramiento o la disposición testamentaria, a mi esposa, ___Bonita Diaz Alvarez___ Si mi dicha esposa no me sobrevive, Yo doy y lego la propiedad a ___mis hermanas, Francisca Alvarez, Graciela Alvarez, y Genoveva Alvarez___ en porciones iguales
o el sobreviviente de ellos.

CUARTO: Si cualquier beneficiario no me sobrevive por lo menos treinta días, entonces este testamento se hará vigente como si esa persona hubiera muerto antes que mí.

QUINTO: Yo nombro por la presente, constituyo, y designo a ___Bonita Diaz Alvarez___ como la Ejecutora de éste, mi Último Testamento. En caso de que la nombrada sea incapaz o no desea cumplir por cualquier razón, yo nombro, constituyo, y fijo a ___Rogelio Salinas___ como el Ejecutor en lugar de la persona primero nombrado aquí dentro. Éste es mi testamento y dirijo que a mi Ejecutor no se le exige aducir una atadura para hacer actuación fiel de sus deberes en cualquier jurisdicción, y le doy el poder absoluto a mi Ejecutor para administrar mi propiedad, incluso tener el poder para establecer las demandas, pagar las deudas, vender, arriendar o intercambiar propiedad real y personal sin orden judicial.

BAJO JURACIÓN, declaro este ser mi Último Testamento y ejecutarlo de buena gana como mi acto libre y voluntario para los propósitos expresados aquí dentro y que soy mayor de edad de buen juicio y hago esto bajo ningún constreñimiento o influencia indebida, este ___29___ día de ___Enero___, 20_02_ en ___Miami Beach___, El estado de ___Florida___.

_____ L.S.
Juan Diaz Alvarez

Iniciales: ___JDA___ ___BJ___ ___JTF___ _____   Página _1_ of _2_
          El testador El testigo El testigo El testigo

El instrumento anterior fue suscrito esa misma fecha por ___JUAN DIAZ ALVAREZ___,
el Testador nombrado anterior que firmó, publicó, y declaró este instrumento ser su Último Testamento en la presencia de nosotros y cada uno de nosotros, quiénes pideron en la presencia de él/ella, y en la presencia de nosotros, tenemos aquí subscrito nuestros nombres como testigos de eso. Nosotros somos de buen juicio y la edad apropiada para ser testigos y que nosotros sabemos que el testador es de edad legal para hacer un testamento, es de buen juicio, está bajo ningún constreñimiento o la influencia indebida.

Benita Juarez
_____ residente de ___West Palm Beach, Florida___

Juan Tal Fulano
_____ residente de ___Key Largo, Florida___

_____ residente de _____

Page _2_ of _2_

Último Testamento

YO, ___JUAN DIAZ ALVAREZ___ un residente del condado de ___Tioga___,
___New York___ hago por la presente, publico, y declaro este ser mi Último Testamento, y por la presente revoco todos los Testamentos y Codicilos previamente hecho por mí.

PRIMERO: Yo dirijo que todas mis deudas y gastos de entierro se paguen lo tan pronto que sea posible de mi propiedad poco después mi muerte.

SEGUNDO: Yo doy, lego, y dejo las herencias específicas siguientes:
Dejo mi 1999 GT Celica a mi hija Beatriz Salinas. Yo dejo mi colección de la moneda entera a mi hija Selena Salinas. Yo le dejo mi barco Chris Craft y remolque a mi hija Ana. Si cualquiera de mis hijas no me sobreviven, las dichas herencias serán parte del residuo de mi propiedad.

TERCERO: Yo doy, lego, y dejo en herencia todas mis propiedades, bienes raíces, personal, y mixto de cualquier tipo y dondequiera que se situa de que asió o poseyó, o en el que tengo algún interés o en la que yo tengo poder de nombramiento o la disposición testamentaria, a mi esposa,___Bonita Diaz Alvarez___. Si mi dicha esposa no me sobrevive, Yo doy y lego la propiedad a mis hijas ___Ana Salinas, Beatriz Salinas, y Selena Salinas___

en porciones iguales o el sobreviviente de ellas.

CUARTO: Si cualquier beneficiario no me sobrevive por lo menos treinta días, entonces este testamento se hará vigente como si esa persona hubiera muerto antes que mí.

QUINTO: Yo nombro por la presente, constituyo, y designo a ___Bonita Diaz Alvarez___ como la Ejecutora de éste, mi Último Testamento. En caso de que la nombrada sea incapaz o no desea cumplir por cualquier razón, yo nombro, constituyo, y fijo a ___Rogelio Salinas___ como el Ejecutor en lugar de la persona primero nombrado aquí dentro. Éste es mi testamento y dirijo que a mi Ejecutor no se le exige aducir una atadura para hacer actuación fiel de sus deberes en cualquier jurisdicción, cualquier provisión de ley al contrario no obstante, y le doy el poder absoluto a mi Ejecutor para administrar mi propiedad, incluso tener el poder para establecer las demandas, pagar las deudas, vender, arriendar o intercambiar propiedad real y personal sin orden judicial.

BAJO JURACIÓN, declaro este ser mi Último Testamento y ejecutarlo de buena gana como mi acto libre y voluntario para los propósitos expresados aquí dentro y que soy mayor de edad, de buen juicio y hago esto bajo ningún constreñimiento o influencia indebida,
este ___5___ día de ___Enero___, 20_01_ en ___Owego___, El estado de ___New York___.

_____ *Juan Diaz Alvarez* _____ L.S.

Iniciales: **DA** _____ **BJ** _____ **JTF** _____ _____ Página _1_ of _2_
           El testador   El testigo   El testigo   El testigo

El instrumento anterior fue suscrito esa misma fecha por ___JUAN DIAZ ALVAREZ___,
el Testador nombrado anterior que firmó, publicó, y declaró este instrumento para ser su Último Testamento en la presencia de nosotros y cada uno de nosotros, quiénes pideron en la presencia de él/ella, y en la presencia de nosotros, tenemos aquí subscrito nuestros nombres como testigos de eso. Nosotros somos de buen juicio y la edad apropiada para ser testigos y que nosotros sabemos que el testador es de edad legal para hacer un testamento, es de buen juicio, está bajo ningún constreñimiento o la influencia indebida.

Benita Juarez _____ residente de ___Oswego, New York___

Juan Tal Fulano _____ residente de ___Ithaca, New York___

_____ residente de _____

Page __2__ of __2__

Último Testamento

YO, _____Juan De La Torre_____ , residente de __Fairfax__ County, ___Virginia___ hago por la presente, publico, y declaro este ser mi Último Testamento, y por la presente revoco todos los Testamentos y Codicilos previamente hecho por mí.

PRIMERO: Yo dirijo que todas mis deudas y gastos de entierro se paguen lo tan pronto que sea posible de mi propiedad poco después mi muerte.

SEGUNDO: Yo doy, lego, y dejo en herencia lo siguiente específicamente:
_____-NADA-_____

_____

_____

_____

_____

_____

_____

TERCERO: Yo doy, lego, y dejo en herencia todas mis propiedades, bienes raices, personal, y mixto de cualquier tipo y dondequiera que se situa, de que asió o poseyó, o en el que tengo algún interés o en la que yo tengo poder de nombramiento o la disposición testamentaria, a mis hijos, Jaime, Maria, Luis, Bruno, Carla, y Miguel

más cualquieres otros que nascan o sean adoptados después en porciones iguales o a sus descendientes lineales por el estirpes.

CUARTO: Si cualquier beneficiario no me sobrevive por lo menos treinta días, entonces este testamento se hará vigente como si esa persona hubiera muerto antes que mí.

QUINTO: Si cualquier de mis hijos no logra ser 18 años de edad en el momento de mi muerte, nombro por la presente, constituyo, y designo a __Guadalupe Herrera__ como Guardian del ser de cualquier de mis hijos que no sea mayor de edad en el momento de mi muerte. En caso que dicho guardián sea incapaz o no desea cumplir, entonces yo nombro, constituyo, y designo a __Tomás De La Torre__ como guardián. Dicho guardian cumplirá sin atadura o seguro.

SEXTO: Si cualquier de mis hijos no logra ser 18 años de edad en el momento de mi muerte, nombro por la presente, constituyo, y designo a __Guadalupe Herrera__ como Guardian de la propiedad de cualquier de mis hijos que no sea mayor de edad en el momento de mi muerte. En caso que dicho guardián sea incapaz o no desea cumplir, entonces yo nombro, constituyo, y designo a __Tomás De La Torre__ como guardian. Dicho guardian cumplirá sin atadura o seguro.

Iniciales: __*JDT*__   __*BJ*__   __*JTF*__   _____   Página _1_ of _3_
El testador   El testigo   El testigo   El testigo

SÉPTIMO: Yo nombro por la presente, constituyo, y designo a <u>Guadalupe Cisneros</u> como la Ejecutora de éste, mi Último Testamento. En caso de que la nombrada sea incapaz o no desea cumplir por cualquier razón, yo nombro, constituyo, y fijo a <u>Jorge Robles</u> como el Ejecutor en lugar de la persona primero nombrado aquí dentro. Éste es mi testamento y dirijo que a mi Ejecutor no se le exige aducir una atadura para hacer actuación fiel de sus deberes en cualquier jurisdicción, cualquier provisión de ley al contrario no obstante, y le doy el poder absoluto a mi Ejecutor para administrar mi propiedad, incluso tener el poder para establecer las demandas, pagar las deudas, vender, arrendar o intercambiar propiedad real y personal sin orden judicial.

BAJO JURACIÓN, declaro este ser mi Último Testamento y ejecutarlo de buena gana como mi acto libre y voluntario para los propósitos expresados aquí dentro y que soy mayor de edad, de buen juicio y hago esto bajo ningún constreñimiento o influencia indebida, este <u>2</u> día de <u>July</u>, 20 <u>00</u> en <u>Fairfax</u>, el estado de <u>Virginia</u>.

Juan De La Torre

L.S.

El instrumento anterior fue suscrito esa misma fecha por <u>JUAN DE LA TORRE</u>, el Testador nombrado anterior que firmó, publicó, y declaró este instrumento para ser su Último Voluntad en la presencia de nosotros y cada uno de nosotros, quiénes pideron en la presencia de él/ella, y en la presencia de nosotros, tenemos aquí subscrito nuestros nombres como testigos de eso. Nosotros somos de buen juicio y la edad apropiada para ser testigos y que nosotros sabemos que el testador es de edad legal para hacer un testamento, es de buen juicio, está bajo ningún constreñimiento o la influencia indebida.

Benita Juarez _____ residente de <u>Falls Church, Virginia</u>

Juan Tal Fulano _____ residente de <u>Burke, Virginia</u>

_____ residente de _____

Página <u>2</u> de <u>3</u>

Declaración Notarizada de Auto Prueba
(anexo al Testamento)

EL ESTADO DE   North Carolina

EL CONDADO DE   Onslow

     Yo, el abajo firmante, un funcionario autorizado para administrar los juramentos, certifico que Juan De La Torre , el testador y Juana Rogelio , y Manuel Cornejo los testigos cuyas firmas están en el instrumento anexo y aparecen debajo, después de haber aparecido ante de mí y haber sido primero debidamente jurados, cada uno declaro que: 1) el instrumento anterior y anexo es el último testamento del testador; 2) el testador declaró de buena gana y voluntariamente, firmó, y ejecutó el testamento en la presencia de los testigos; 3) los testigos firmaron el testamento por solicitud del testador, en la presencia y al oír del testador y en la presencia de nosotros; 4) que cada uno sabe, cada testigo, el testador era, en el momento de firmar, mayor de edad (o por otra parte legalmente competente para hacer un testamento), de buen juicio y memoria, y bajo ningún constreñimiento o la influencia indebida; y 5) cada testigo era y es competente y de edad apropiada para dar testimonio de un testamento.

Juan Gonzalez _____ (El testador)

Juana Rogelio _____ (El testigo)

Manuel Cornejo _____ (El testigo)

Subscrito y jurado ante de mí por, Juan Gonzalez _____ el testador quien es conocido personalmente por mí o quien ha producido __*__ como identificación, y por Juana Rogelio un testigo que es conocido personalmente por mí o quien ha producido* _____ como identificación, y por Manuel Cornejo un testigo quien es conocido personalmente por mí o quien ha producido __*__ como identificación, este 5 día de Julio , 20 03 .

C.U. Sanchez _____
Notario u otro funcionario

> * **Ojo**: La identificación no se requiere en cada estado.

Página 3 de 3

Primer Codicilo al Testamento de

Laurencio Lagos

Yo, _____Laurencio Lagos_____ un residente del condado _____Broome_____, _____New York_____, declaro este ser el primer codicilo a mi Último Testamento fechado el __5__ de __Julio__, _1999_

PRIMERO: Revoco por la presente la cláusula en mi Testamento que lee: CUARTO: Por la presente dejo $5000.00 a mi hija Marisa.----------------------

SEGUNDO: Por la presente, agrego la cláusula siguiente a mi Testamento: CUARTO:Por la presente, dejo $1000.00 a mi hija Marisa -----------------------

TERCERO: En todos los otros respetos, confirmo por la presente y publico de nuevo mi Último Testamento fechado el __5__ de __Julio__, _1999_

BAJO JURACIÓN, yo he firmado, he publicado, y he declarado el instrumento anterior como codicilo a mi Último Testamento, este __5__ día de Enero_____, _2000_

Laurencio Lagos

El instrumento anterior fue firmado al final del __5__ día de __Enero__, 2000 al final, y al mismo tiempo publicó y declaró _____Laurencio Lagos_____ como codicilo de su Último Testamento, fechado el _5_ de ____Julio, 1999_, en la presencia de cada uno de nosotros, y quién después de haberse leído esta cláusula de atestación hicimos como el dicho testador, y en su presencia y en la presencia de nosotros firmamos nuestros nombres como testigos.

Javier Solis _____ residente de Binghamton, New York _____

Marta Sainz _____ residente de Elmira, New York _____

_____ residente de _____

APÉNDICE C: LOS FORMULARIOS

Las páginas siguientes contienen formularios que se pueden usar para preparar un testamento, codicilo, testamento dirigiente, y la Tarjeta del Donador Uniforme. Sólo se deben usar por personas que han leído este libro, que no tienen complicaciónes algunas en sus asuntos legales y los que entienden como funcionan los formularios. Estos formularios se pueden usar directamente del libro, se pueden fotocopiar o se pueden volver a escribir por máquina. Dos copias de cada formulario están incluido.

Formulario 1. La Lista de Bienes y de los Beneficiarios — *Use este formulario para guardar un registro exacto de su propiedad así como los nombres y direcciones de sus beneficiarios.*

Formulario 2. Lista de Preferencias e Información — *Use este formulario para informarle a su familia de sus deseos sobre asuntos normalmente no incluidos en un testamento.*

Formulario 3. Testamento Sencillo —Esposo e hijos menores – un Guardian. *Use este testamento si usted tiene hijos menores y si quiere que toda su propiedad se pase a su esposo~ pero si su esposo muere primero, entonces a sus hijos menores. Mantiene que haga una persona como guardían de sus hijos y sus propiedades.*

Formulario 4. Testamento Sencillo — Esposo e hijos menores – dos Guardianes. *Use este testamento si usted tiene hijos menores y si quiere que toda su propiedad se pase a su esposo~ pero si su esposo muere primero, entonces a sus hijos menores. Mantiene que haga dos guardianes – uno de sus hijos y otro para sus propiedades.*

Formulario 5. Testamento Sencillo — Esposo e hijos menores - Guardian y Déposito de Fideicomiso. *Use este testamento si usted tiene hijos menores y quiere que toda su propiedad pase a su esposo, pero si su esposo se muere primero entonces a sus hijos menores. Mantiene que haga una persona para ser guardian de sus hijos y que la misma persona u otro que sea el fideicomisario de su propiedad Este testamento permite que la propiedad de los hijos sean retinidas hasta que ellos llegan a ser más de 18 años en lugar de distribuyéndolo totalmente cuando cumplen los 18.*

Formulario 6. Testamento Sencillo — Esposo y sin hijos. *Use éste si quiere que su propiedad pase a su esposo y si su esposo muere, a otros o los* **sobrevivientes** *de los otros.*

Formulario 7. Testamento Sencillo — Esposo y sin hijos. *Use éste si quiere que su propiedad pase a su esposo, pero si su esposo muere, a otros o los* **descendientes** *de los otros.*

Formulario 8. Testamento Sencillo — Esposo e hijos adultos. *Use éste si quiere que su toda su propiedad pase a su esposo, pero si su esposo muere primero, entonces a sus hijos adultos.*

Formulario 9. Testamento Sencillo — Esposo e hijos adultos. *Use éste si quiere que alguna de su propiedad pase a su esposo, y alguna a sus hijos adultos.*

Formulario 10. Testamento Sencillo —. Sin esposo hijos menores – un Guardian. *Use este testamento si no tiene esposo y quiere que toda su propiedad se pase a su hijos~y si por lo menos que uno menor sea de edad, se mantiene que una persona sea guardian de sus hijos y sus propiedades.*

Formulario 11. Testamento Sencillo — Sin esposo hijos menores – dos Guardianes *Use este testamento si no tiene esposo y quiere que toda su propiedad se pase a sus hijos y con que por lo menos uno sea menor de edad. Mantiene que haiga dos guardianes uno de sus hijos y otro de sus propiedades.*

Formulario 12. Testamento Sencillo — Sin esposo hijos menores - Guardian y Déposito de Fideicomiso. *Use este testamento si no tiene esposo y quiere que toda su propiedad pase a sus hijos . Mantiene que haiga una persona como guardian de sus hijos y que la misma persona u otro sea el fideicomisario de su propiedad. Este testamento permite que la propiedad de los hijos sean retinidas hasta que ellos lleguen a ser más de 18 años en lugar de distribuyéndolo totalmente cuando cumplen los 18.*

Formulario 13. Testamento Sencillo —. Sin esposo hijos adultos - *Este testamento debe usarse si usted desea dejar su propiedad a sus hijos adultos, o igualmente a cada* **familiar** *si ellos mueren.*

Formulario 14. Testamento Sencillo — Sin esposo hijos adultos. *Este testamento debe usarse si usted desea dejar su propiedad a sus hijos adultos, o igualmente a cada* **persona** *si ellos mueren.*

Formulario 15. Testamento Sencillo — Sin esposo y sin hijos. *Use éste si no tiene ningún esposo o hijos y quiere que su propiedad pase al* **sobreviviente** *de las personas que usted nombra.*

Formulario 16. Testamento Sencillo — Sin esposo y sin hijos. *Use éste si no tiene esposo o hijos y quiere que su propiedad pase a los* **descendientes** *de las personas que usted nombra.*

Formulario 17. Declaración Notarizada de Auto-Prueba. *Esta declaración jurada se debe usar con el testamento si usted vive en Alabama, Alaska, Arizona, Arkansas, Colorado, Connecticut, Hawaii, Idaho, Illinois, Indiana, Maine, Minnesota, Mississippi, Montana, Nebraska, Nevada, New Mexico, Nueva York, North Dakota, Oregón, South Carolina, South Dakota, Tennessee, Utah, Washington, o West Virginia.*

Formulario 18. Declaración Notarizada de Auto-Prueba. *Esta declaración jurada debe usarse con el testamento si usted vive en Delaware, Florida, Georgia, Iowa, Kansas, Kentucky, Massachusetts, Missouri, New Jersey, North Carolina, Oklahoma, Pennsylvania, Rhode Island, Virginia, o Wyoming.*

Formulario 19. Declaración Notarizada de Auto-Prueba. *Esta declaración jurada debe usarse con el testamento si usted vive en Louisiana.*

Formulario 20. Declaración Notarizada de Auto-Prueba. *Esta declaración jurada debe usarse con el testamento si usted vive en New Hampshire.*

Formulario 21. Declaración Notarizada de Auto-Prueb. *Esta declaración jurada debe usarse con el testamento si usted vive en Texas.*

Formulario 22. El Codicilo al Testamento. *Este formulario se puede usar para cambiar una sección de su testamento. Normalmente se ejecuta un nuevo testamento, ya que las mismas formalidades se requieren para un codicilio. Este codicilo no se puede usar en Louisiana.*

Formulario 23. Página Codicilo de Auto-Prueba. *Si usted decide ejecutar un codicilo en lugar de hacer un nuevo testamento, esta página se debe anexar a su codicilo si usted vive en Alabama, Alaska, Arizona, Arkansas, Colorado, Connecticut, Hawaii, Idaho, Illinois, Indiana, Maine, Minnesota, Mississippi, Montana, Nebraska, Nevada, New México, Nueva York, North Dakota, Oregón, South Carolina, South Dakota, Tennessee, Utah, Washington, o West Virginia.*

Formulario 24. Página Codicilo de Auto-Prueba. *Si usted decidiera ejecutar un codicilo en lugar de hacer un nuevo testamento, esta página se debe anexar a su codicilo si usted vive en Delaware, Florida, Georgia, Iowa, Kansas, Kentucky, Massachusetts, Missouri, New Jersey, North Carolina, Oklahoma, Pennsylvania, Rhode Island, Virginia, o Wyoming.*

Formulario 25. Página Codicilo de Auto-Prueba. *Si usted decidiera ejecutar un codicilo en lugar de hacer un nuevo testamento, esta declaración jurada debe usarse con el testamento si usted vive en Texas.*

Formulario 26. Testamento Dirigiente (Activo). *Éste expresa su deseo de detener cierto tratamiento médico extraordinario si usted llega a tener una enfermedad grave y alcanza tal grado que no se puede determinar sus deseos de detener tal tratamiento.*

Formulario 27. La Tarjeta de Donador de órgano. *Este formulario se usa para deletrear sus deseos para la donación de su cuerpo o cualquier órgano.*

Cómo Escoger el Testamento Correcto

Siga el mapa y use el número del formulario en el círculo negro. Entonces use la declaración apropriada para su estado en la caja negra.

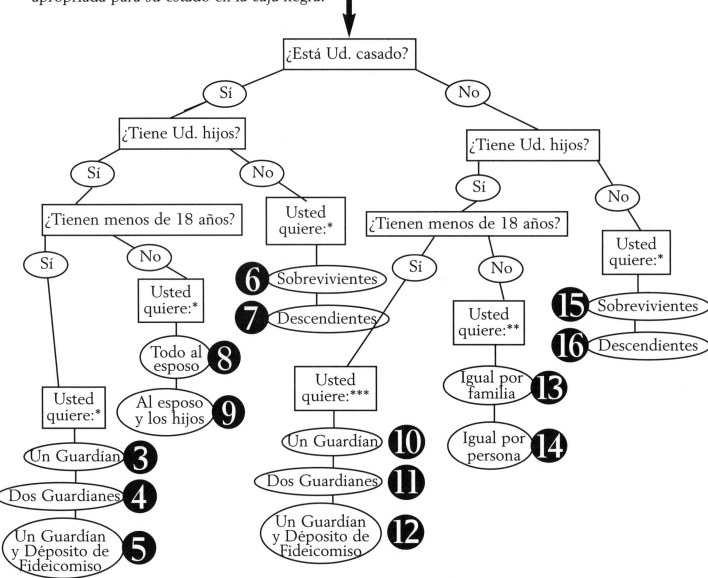

Utilice la declaración notarizada de Auto-Prueba de su estado:

17 Alabama, Alaska, Arizona, Arkansas, Colorado, Connecticut, Hawaii, Idaho, Illinois, Indiana, Maine, Minnesota, Mississippi, Montana, Nebraska, Nevada, New Mexico, Nueva York, North Dakota, Oregon, South Carolina, South Dakota, Tennessee, Utah, Washington, West Virginia.

18 Delaware, Georgia, Iowa, Kansas, Kentucky, Massachusetts, Missouri, New Jersey, North Carolina, Oklahoma, Pennsylvania, Rhode Island, Virginia, Wyoming.

19 Louisiana

20 New Hampshire

21 Texas

* Para una explicación de sobrevivientes/descendientes, vea página 29.
** Para una explicación de familias/personas, vea página 29.
*** Para una explicación de los guardianes y dépositos de fideicomiso para los ninos, vea página 31–32.

Lista de Bienes y de los Beneficiarios

Inventario de propiedad

Bienes Personales y Bienes Raices

Las Cuentas bancarias (déposito, ahorros, los certificados de depósito)

_____
_____
_____
_____
_____
_____
_____
_____

Bienes raíces

_____
_____
_____
_____
_____
_____
_____
_____

Los vehículos (los automóviles, camiones, los barcos, los aviones, RVs, etc.)

_____
_____
_____
_____
_____
_____
_____
_____

Bienes personales (las colecciones, joyería, las herramientas, obras de arte, los artículos de la casa, etc.)

_____
_____
_____
_____
_____
_____
_____

_____
_____
_____
_____
_____
_____
_____
_____

Acciones/Ataduras/Fondos Mutuos
_____
_____
_____
_____
_____
_____
_____
_____
_____
_____
_____
_____
_____

Cuentas para Jublicación (IRA, 401K, pensiones, etc.)
_____
_____
_____
_____
_____
_____
_____
_____

Por Cobrar (las hipotecas retinidas, billetes, cuentas por cobrar, préstamos personales)
_____
_____
_____
_____
_____
_____
_____

Seguro de vida

_____
_____
_____
_____
_____
_____
_____

Otra Propiedad (Dépositos de fideicomiso, sociedades, los negocios, reparto de los beneficios, registraciones, etc.)

_____
_____
_____
_____
_____
_____
_____

Las obligaciones

Préstamos de Bienes raíces

_____
_____
_____
_____
_____
_____
_____

Préstamos de vehículo

_____
_____
_____
_____
_____
_____
_____

Otros Préstamos Garantizados

_____
_____
_____
_____
_____
_____
_____

Los Préstamos no garantizadas y las Deudas (los impuestos, apoyo économico del hijo, ordenes judiciales, etc.)

_____
_____
_____
_____
_____
_____
_____
_____

Nombres de los Beneficiarios

Nombre _____ Dirección _____ Teléfono _____
_____
_____
_____
_____
_____
_____
_____

Lista de Preferencias e Información

LA DECLARACIÓN DE DESEOS Y SITUACIÓN DE LA PROPIEDAD Y LOS DOCUMENTOS

YO, _____, firmo este documento como la expresión de mis deseos acerca las materias declaradas debajo, y para informar a mis miembros familiares u otras personas significantes de la situación de cierta propiedad y documentos en caso de cualquier emergencia o de mi muerte.

1.   Los Deseos Fúnebres. Es mi deseo que los arreglos siguientes se hagan para mi funeral y disposición de mis restos en caso de mi muerte (declara si usted ha hecho algún arreglo como el entierro pre-pagado, posesión de las parcelas del cementerio, etc.]:

❏   Lugar del Entierro : _____

_____

❏   Lugar de la Cremación _____

_____

❏   Otros deseos específicos: _____

_____

2.   Los **animales domésticos**. Yo tengo los siguientes animales: _____
_____Lo siguiente concierne mis deseos acerca el cuidado de mi animal (es): _____
_____
_____.

4.   **Notificación.** Me gustaría que la siguiente persona sea notificada en caso de emergencia o mi muerte (dé nombre, dirección y número de teléfono):

_____
_____
_____
_____
_____.

5. .   **La situación de Documentos.** Lo siguiente es una lista de documentos importantes, y su situación:

❏   El Último Voluntad, _____ fechado: _____
        La situación: _____

❏   El Poder Durable de Abogado, _____ fechado:_____.
        La situación: _____

❏   El Testamento Activo, _____ fechado: _____.
        La situación: _____

❏   La escritura legal de bienes raíces (describe la propiedad y donde está situado):
        _____
        _____
        _____

❏ Título y Registración de vehículos (los automóviles, los barcos, etc.) (Describe el vehículo, donde está, situación del título, registración, u otros documentos):

_____
_____
_____
_____

❏ Las pólizas de seguro de vida (la dirección, nombre y el número de teléfono de la compañía de seguro, el agente de seguro, número de la póliza, y situación de póliza):

_____
_____
_____

❏ Otras pólizas de seguro (el tipo, compañía y agente, número de la póliza, y situación de póliza):

_____
_____
_____

❏ Otros: (otros documentos como los certificados acciónista, ataduras, certificados de depósito, etc. y donde están situados):

_____
_____
_____

6.   **La situación de Bienes.** Además de los artículos visible en mi casa o que mencioné anteriormente, yo tengo los siguientes bienes:

❏ La caja fuerte de seguro _____número de caja _____ La llave localizado en: _____

❏ Las cuentas bancarias (el nombre, la dirección de banco, el tipo de cuenta, y número de cuenta)

_____

❏ Otros (describe el artículo y dé su situación):

_____
_____
_____
_____
_____

7.   Otros deseos o información (declara cualquier deseo o proporciona cualquier información no dado arriba; use hojas de papel adicionales si es necesario):

_____
_____
_____
_____
_____

Fechado:_____

_____
La firma

Last Will and Testament

I, _____ a resident of _____
County, _____ do hereby make, publish, and declare this to be my Last Will
and Testament, hereby revoking any and all Wills and Codicils heretofore made by me.

    FIRST: I direct that all my just debts and funeral expenses be paid out of my estate as soon
after my death as is practicable.

    SECOND: I give, devise, and bequeath the following specific gifts:

_____

_____

_____

_____

_____

_____

_____

_____

_____

_____

    THIRD: I give, devise, and bequeath all my estate, real, personal, and mixed, of whatever
kind and wherever situated, of which I may die seized or possessed, or in which I may have any
interest or over which I may have any power of appointment or testamentary disposition, to my
spouse, _____. If my said spouse does not survive me,
I give, and bequeath the said property to my children _____
_____
_____,
plus any afterborn or adopted children in equal shares or their lineal descendants, per stirpes.

    FOURTH: In the event that any beneficiary fails to survive me by thirty days, then this will
shall take effect as if that person had predeceased me.

    FIFTH: Should my spouse not survive me, I hereby nominate, constitute, and appoint
_____ as guardian over the person and estate of any of
my children who have not reached the age of majority at the time of my death. In the event that said
guardian is unable or unwilling to serve, then I nominate, constitute, and appoint
_____ as guardian. Said guardian shall serve without bond
or surety.

    SIXTH: I hereby nominate, constitute, and appoint _____
as Executor or Personal Representative of this, my Last Will and Testament. In the event that such
named person is unable or unwilling to serve at any time or for any reason, then I nominate,
constitute, and appoint _____ as Executor or Personal

Representative in the place and stead of the person first named herein. It is my will and I direct that my Executor or Personal Representative shall not be required to furnish a bond for the faithful performance of his or her duties in any jurisdiction, any provision of law to the contrary notwithstanding, and I give my Executor or Personal Representative full power to administer my estate, including the power to settle claims, pay debts, and sell, lease or exchange real and personal property without court order.

IN WITNESS WHEREOF I declare this to be my Last Will and Testament and execute it willingly as my free and voluntary act for the purposes expressed herein and I am of legal age and sound mind and make this under no constraint or undue influence, this _____ day of _____, 20___ at _____ State of _____.

_____

The foregoing instrument was on said date subscribed at the end thereof by _____, the above named Testator who signed, published, and declared this instrument to be his/her Last Will and Testament in the presence of us and each of us, who thereupon at his/her request, in his/her presence, and in the presence of each other, have hereunto subscribed our names as witnesses thereto. We are of sound mind and proper age to witness a will and understand this to be his/her will, and to the best of our knowledge testator is of legal age to make a will, of sound mind, and under no constraint or undue influence.

_____residing at_____

_____residing at_____

_____residing at_____

Last Will and Testament

I, _____ a resident of _____
County, _____ do hereby make, publish, and declare this to be my Last Will
and Testament, hereby revoking any and all Wills and Codicils heretofore made by me.

FIRST: I direct that all my just debts and funeral expenses be paid out of my estate as soon
after my death as is practicable.

SECOND: I give, devise, and bequeath the following specific gifts:

_____
_____
_____
_____
_____
_____
_____
_____
_____
_____
_____

THIRD: I give, devise, and bequeath all my estate, real, personal, and mixed, of whatever
kind and wherever situated, of which I may die seized or possessed, or in which I may have any
interest or over which I may have any power of appointment or testamentary disposition, to my
spouse, _____. If my said spouse does not survive me,
I give, and bequeath the said property to my children _____
_____
_____,
plus any afterborn or adopted children in equal shares or their lineal descendants, per stirpes.

FOURTH: In the event that any beneficiary fails to survive me by thirty days, then this will
shall take effect as if that person had predeceased me.

FIFTH: In the event that any of my children have not reached the age of _____ years at
the time of my death, then the share of any such child shall be held in a separate trust by
_____ for such child.

The trustee shall use the income and that part of the principal of the trust as is, in the trustee's sole
discretion, necessary or desirable to provide proper housing, medical care, food, clothing, entertainment and education for the trust beneficiary, considering the beneficiary's other resources. Any
income that is not distributed shall be added to the principal. Additionally, the trustee shall have all
powers conferred by the law of the state having jurisdiction over this trust, as well as the power to
pay from the assets of the trust reasonable fees necessary to administer the trust.

The trust shall terminate when the child reaches the age specified above and the remaining assets
distributed to the child, unless they have been exhausted sooner. In the event the child dies prior to

the termination of the trust, then the assets shall pass to the estate of the child. The interests of the beneficiary under this trust shall not be assignable and shall be free from the claims of creditors to the full extent allowed by law.

In the event the said trustee is unable or unwilling to serve for any reason, then I nominate, constitute, and appoint _____as alternate trustee. No bond shall be required of either trustee in any jurisdiction and this trust shall be administered without court supervision as allowed by law.

SIXTH: Should my spouse not survive me, I hereby nominate, constitute, and appoint_____as guardian over the person and estate of any of my children who have not reached the age of majority at the time of my death. In the event that said guardian is unable or unwilling to serve, then I nominate, constitute, and appoint_____ as guardian.

SEVENTH: I hereby nominate, constitute, and appoint _____ as Executor or Personal Representative of this, my Last Will and Testament. In the event that such named person is unable or unwilling to serve at any time or for any reason, then I nominate, constitute, and appoint _____ as Executor or Personal Representative in the place and stead of the person first named herein. It is my will and I direct that my Executor or Personal Representative shall not be required to furnish a bond for the faithful performance of his or her duties in any jurisdiction, any provision of law to the contrary notwithstanding, and I give my Executor or Personal Representative full power to administer my estate, including the power to settle claims, pay debts, and sell, lease or exchange real and personal property without court order.

IN WITNESS WHEREOF I declare this to be my Last Will and Testament and execute it willingly as my free and voluntary act for the purposes expressed herein and I am of legal age and sound mind and make this under no constraint or undue influence, this _____ day of _____, 20___ at _____ State of _____.

_____

The foregoing instrument was on said date subscribed at the end thereof by _____, the above named Testator who signed, published, and declared this instrument to be his/her Last Will and Testament in the presence of us and each of us, who thereupon at his/her request, in his/her presence, and in the presence of each other, have hereunto subscribed our names as witnesses thereto. We are of sound mind and proper age to witness a will and understand this to be his/her will, and to the best of our knowledge testator is of legal age to make a will, of sound mind, and under no constraint or undue influence.

_____residing at_____

_____residing at_____

_____residing at_____

Last Will and Testament

I, _____ a resident of _____ County, _____ do hereby make, publish, and declare this to be my Last Will and Testament, hereby revoking any and all Wills and Codicils heretofore made by me.

FIRST: I direct that all my just debts and funeral expenses be paid out of my estate as soon after my death as is practicable.

SECOND: I give, devise, and bequeath the following specific gifts:

_____

_____

_____

_____

_____

_____

_____

_____

_____

_____

THIRD: I give, devise, and bequeath all my estate, real, personal, and mixed, of whatever kind and wherever situated, of which I may die seized or possessed, or in which I may have any interest or over which I may have any power of appointment or testamentary disposition, to my spouse, _____. If my said spouse does not survive me, I give, and bequeath the said property to _____

_____

_____,

or the survivor of them.

FOURTH: In the event that any beneficiary fails to survive me by thirty days, then this will shall take effect as if that person had predeceased me.

FIFTH: I hereby nominate, constitute, and appoint _____ as Executor or Personal Representative of this, my Last Will and Testament. In the event that such named person is unable or unwilling to serve at any time or for any reason, then I nominate, constitute, and appoint _____ as Executor or Personal Representative in the place and stead of the person first named herein. It is my will and I direct that my Executor or Personal Representative shall not be required to furnish a bond for the faithful performance of his or her duties in any jurisdiction, any provision of law to the contrary notwithstanding, and I give my Executor or Personal Representative full power to administer my estate, including the power to settle claims, pay debts, and sell, lease or exchange real and personal property without court order.

Initials: _____ _____ _____ _____   Page ____ of ____   **89**
       Testator   Witness   Witness   Witness

IN WITNESS WHEREOF I declare this to be my Last Will and Testament and execute it willingly as my free and voluntary act for the purposes expressed herein and I am of legal age and sound mind and make this under no constraint or undue influence, this _____ day of _____, 20___ at _____ State of _____.

_____

The foregoing instrument was on said date subscribed at the end thereof by _____, the above named Testator who signed, published, and declared this instrument to be his/her Last Will and Testament in the presence of us and each of us, who thereupon at his/her request, in his/her presence, and in the presence of each other, have hereunto subscribed our names as witnesses thereto. We are of sound mind and proper age to witness a will and understand this to be his/her will, and to the best of our knowledge testator is of legal age to make a will, of sound mind, and under no constraint or undue influence.

_____residing at_____

_____residing at_____

_____residing at_____

Last Will and Testament

I, _____ a resident of _____
County, _____ do hereby make, publish, and declare this to be my Last Will
and Testament, hereby revoking any and all Wills and Codicils heretofore made by me.

FIRST: I direct that all my just debts and funeral expenses be paid out of my estate as soon
after my death as is practicable.

SECOND: I give, devise, and bequeath the following specific gifts:

_____

_____

_____

_____

_____

_____

_____

_____

_____

_____

THIRD: I give, devise, and bequeath all my estate, real, personal, and mixed, of whatever
kind and wherever situated, of which I may die seized or possessed, or in which I may have any
interest or over which I may have any power of appointment or testamentary disposition, to my
spouse, _____. If my said spouse does not survive me,
I give, and bequeath the said property to my children _____
_____
_____,
in equal shares or to their lineal descendants, per stirpes.

FOURTH: In the event that any beneficiary fails to survive me by thirty days, then this will
shall take effect as if that person had predeceased me.

FIFTH: I hereby nominate, constitute, and appoint _____ as
Executor or Personal Representative of this, my Last Will and Testament. In the event that such
named person is unable or unwilling to serve at any time or for any reason, then I nominate,
constitute, and appoint _____ as Executor or Personal
Representative in the place and stead of the person first named herein. It is my will and I direct that
my Executor or Personal Representative shall not be required to furnish a bond for the faithful
performance of his or her duties in any jurisdiction, any provision of law to the contrary
notwithstanding, and I give my Executor or Personal Representative full power to administer my
estate, including the power to settle claims, pay debts, and sell, lease or exchange real and personal
property without court order.

Initials: _____ _____ _____ _____ Page ____ of ____
      Testator   Witness   Witness   Witness

IN WITNESS WHEREOF I declare this to be my Last Will and Testament and execute it willingly as my free and voluntary act for the purposes expressed herein and I am of legal age and sound mind and make this under no constraint or undue influence, this _____ day of _____, 20____ at _____ State of _____.

_____

The foregoing instrument was on said date subscribed at the end thereof by _____, the above named Testator who signed, published, and declared this instrument to be his/her Last Will and Testament in the presence of us and each of us, who thereupon at his/her request, in his/her presence, and in the presence of each other, have hereunto subscribed our names as witnesses thereto. We are of sound mind and proper age to witness a will and understand this to be his/her will, and to the best of our knowledge testator is of legal age to make a will, of sound mind, and under no constraint or undue influence.

_____residing at_____

_____residing at_____

_____residing at_____

Last Will and Testament

I, _____ a resident of _____
County, _____ do hereby make, publish, and declare this to be my Last Will
and Testament, hereby revoking any and all Wills and Codicils heretofore made by me.

FIRST: I direct that all my just debts and funeral expenses be paid out of my estate as soon
after my death as is practicable.

SECOND: I give, devise, and bequeath the following specific gifts:

_____
_____
_____
_____
_____
_____
_____
_____
_____
_____

THIRD: I give, devise, and bequeath all my estate, real, personal, and mixed, of whatever
kind and wherever situated, of which I may die seized or possessed, or in which I may have any
interest or over which I may have any power of appointment or testamentary disposition, as follows:
_____% to my spouse, _____ and
_____% to my children, _____
_____
_____,
in equal shares or to their lineal descendants per stirpes.

FOURTH: In the event that any beneficiary fails to survive me by thirty days, then this will
shall take effect as if that person had predeceased me.

SIXTH: I hereby nominate, constitute, and appoint _____ as
Executor or Personal Representative of this, my Last Will and Testament. In the event that such named
person is unable or unwilling to serve at any time or for any reason, then I nominate, constitute, and
appoint _____ as Executor or Personal Representative in the place
and stead of the person first named herein. It is my will and I direct that my Executor or Personal
Representative shall not be required to furnish a bond for the faithful performance of his or her
duties in any jurisdiction, any provision of law to the contrary notwithstanding, and I give my
Executor or Personal Representative full power to administer my estate, including the power to
settle claims, pay debts, and sell, lease or exchange real and personal property without court order.

Initials: _____ _____ _____ _____   Page ____ of ____   **95**
      Testator   Witness   Witness   Witness

IN WITNESS WHEREOF I declare this to be my Last Will and Testament and execute it willingly as my free and voluntary act for the purposes expressed herein and I am of legal age and sound mind and make this under no constraint or undue influence, this _____ day of _____, 20___ at _____ State of _____.

_____

The foregoing instrument was on said date subscribed at the end thereof by _____, the above named Testator who signed, published, and declared this instrument to be his/her Last Will and Testament in the presence of us and each of us, who thereupon at his/her request, in his/her presence, and in the presence of each other, have hereunto subscribed our names as witnesses thereto. We are of sound mind and proper age to witness a will and understand this to be his/her will, and to the best of our knowledge testator is of legal age to make a will, of sound mind, and under no constraint or undue influence.

_____residing at_____

_____residing at_____

_____residing at_____

Last Will and Testament

I, _____ a resident of _____ County, _____ do hereby make, publish, and declare this to be my Last Will and Testament, hereby revoking any and all Wills and Codicils heretofore made by me.

FIRST: I direct that all my just debts and funeral expenses be paid out of my estate as soon after my death as is practicable.

SECOND: I give, devise, and bequeath the following specific gifts:

_____
_____
_____
_____
_____
_____
_____
_____
_____
_____

THIRD: I give, devise, and bequeath all my estate, real, personal, and mixed, of whatever kind and wherever situated, of which I may die seized or possessed, or in which I may have any interest or over which I may have any power of appointment or testamentary disposition, to my children _____
_____
_____,
plus any afterborn or adopted children in equal shares or to their lineal descendants per stirpes.

FOURTH: In the event that any beneficiary fails to survive me by thirty days, then this will shall take effect as if that person had predeceased me.

FIFTH: In the event any of my children have not attained the age of 18 years at the time of my death, I hereby nominate, constitute, and appoint _____ as guardian over the person and estate of any of my children who have not reached the age of majority at the time of my death. In the event that said guardian is unable or unwilling to serve, then I nominate, constitute, and appoint _____ as guardian. Said guardian shall serve without bond or surety.

SIXTH: I hereby nominate, constitute, and appoint _____ as Executor or Personal Representative of this, my Last Will and Testament. In the event that such named person is unable or unwilling to serve at any time or for any reason, then I nominate, constitute, and appoint _____ as Executor or Personal Representative in the place and stead of the person first named herein. It is my will and I direct that my Executor or Personal

Initials: _____ _____ _____ _____   Page ____ of ____   **97**
     Testator   Witness   Witness   Witness

Representative shall not be required to furnish a bond for the faithful performance of his or her duties in any jurisdiction, any provision of law to the contrary notwithstanding, and I give my Executor or Personal Representative full power to administer my estate, including the power to settle claims, pay debts, and sell, lease or exchange real and personal property without court order.

IN WITNESS WHEREOF I declare this to be my Last Will and Testament and execute it willingly as my free and voluntary act for the purposes expressed herein and I am of legal age and sound mind and make this under no constraint or undue influence, this _____ day of _____, 20___ at _____ State of _____.

_____

The foregoing instrument was on said date subscribed at the end thereof by _____, the above named Testator who signed, published, and declared this instrument to be his/her Last Will and Testament in the presence of us and each of us, who thereupon at his/her request, in his/her presence, and in the presence of each other, have hereunto subscribed our names as witnesses thereto. We are of sound mind and proper age to witness a will and understand this to be his/her will, and to the best of our knowledge testator is of legal age to make a will, of sound mind, and under no constraint or undue influence.

_____residing at_____

_____residing at_____

_____residing at_____

Last Will and Testament

I, _____ a resident of _____
County, _____ do hereby make, publish, and declare this to be my Last Will
and Testament, hereby revoking any and all Wills and Codicils heretofore made by me.

FIRST: I direct that all my just debts and funeral expenses be paid out of my estate as soon
after my death as is practicable.

SECOND: I give, devise, and bequeath the following specific gifts:

_____
_____
_____
_____
_____
_____
_____
_____
_____
_____

THIRD: I give, devise, and bequeath all my estate, real, personal, and mixed, of whatever kind
and wherever situated, of which I may die seized or possessed, or in which I may have any interest or
over which I may have any power of appointment or testamentary disposition, to my children

_____
_____
_____,
plus any afterborn or adopted children in equal shares or to their lineal descendants per stirpes.

FOURTH: In the event that any beneficiary fails to survive me by thirty days, then this will
shall take effect as if that person had predeceased me.

FIFTH: In the event any of my children have not attained the age of 18 years at the time of
my death, I hereby nominate, constitute, and appoint _____
as guardian over the person of any of my children who have not reached the age of majority at the
time of my death. In the event that said guardian is unable or unwilling to serve, then I nominate,
constitute, and appoint _____ as guardian. Said guardian
shall serve without bond or surety.

SIXTH: In the event any of my children have not attained the age of 18 years at the time of
my death, I hereby nominate, constitute, and appoint _____
as guardian over the estate of any of my children who have not reached the age of majority at the
time of my death. In the event that said guardian is unable or unwilling to serve, then I nominate,
constitute, and appoint _____ as guardian. Said guardian
shall serve without bond or surety.

Initials: _____ _____ _____ _____   Page ____ of ____   **99**
    Testator   Witness   Witness   Witness

SEVENTH: I hereby nominate, constitute, and appoint _____ as Executor or Personal Representative of this, my Last Will and Testament. In the event that such named person is unable or unwilling to serve at any time or for any reason, then I nominate, constitute, and appoint _____ as Executor or Personal Representative in the place and stead of the person first named herein. It is my will and I direct that my Executor or Personal Representative shall not be required to furnish a bond for the faithful performance of his or her duties in any jurisdiction, any provision of law to the contrary notwithstanding, and I give my Executor or Personal Representative full power to administer my estate, including the power to settle claims, pay debts, and sell, lease or exchange real and personal property without court order.

IN WITNESS WHEREOF I declare this to be my Last Will and Testament and execute it willingly as my free and voluntary act for the purposes expressed herein and I am of legal age and sound mind and make this under no constraint or undue influence, this _____ day of _____, 20___ at _____ State of _____.

_____

The foregoing instrument was on said date subscribed at the end thereof by _____, the above named Testator who signed, published, and declared this instrument to be his/her Last Will and Testament in the presence of us and each of us, who thereupon at his/her request, in his/her presence, and in the presence of each other, have hereunto subscribed our names as witnesses thereto. We are of sound mind and proper age to witness a will and understand this to be his/her will, and to the best of our knowledge testator is of legal age to make a will, of sound mind, and under no constraint or undue influence.

_____residing at_____

_____residing at_____

_____residing at_____

Last Will and Testament

I, _____ a resident of _____
County, _____ do hereby make, publish, and declare this to be my Last Will
and Testament, hereby revoking any and all Wills and Codicils heretofore made by me.

FIRST: I direct that all my just debts and funeral expenses be paid out of my estate as soon
after my death as is practicable.

SECOND: I give, devise, and bequeath the following specific gifts:

_____
_____
_____
_____
_____
_____
_____
_____
_____

THIRD: I give, devise, and bequeath all my estate, real, personal, and mixed, of whatever kind
and wherever situated, of which I may die seized or possessed, or in which I may have any interest or
over which I may have any power of appointment or testamentary disposition, to my children

_____
_____
_____ ,
plus any afterborn or adopted children in equal shares or to their lineal descendants per stirpes.

FOURTH: In the event that any beneficiary fails to survive me by thirty days, then this will
shall take effect as if that person had predeceased me.

FIFTH: In the event that any of my children have not reached the age of _____ years at
the time of my death, then the share of any such child shall be held in a separate trust by
_____ for such child.

The trustee shall use the income and that part of the principal of the trust as is, in the trustee's sole
discretion, necessary or desirable to provide proper housing, medical care, food, clothing,
entertainment and education for the trust beneficiary, considering the beneficiary's other resources.
Any income that is not distributed shall be added to the principal. Additionally, the trustee shall have
all powers conferred by the law of the state having jurisdiction over this trust, as well as the power
to pay from the assets of the trust reasonable fees necessary to administer the trust.

The trust shall terminate when the child reaches the age specified above and the remaining assets
distributed to the child, unless they have been exhausted sooner. In the event the child dies prior to
the termination of the trust, then the assets shall pass to the estate of the child. The interests of the

beneficiary under this trust shall not be assignable and shall be free from the claims of creditors to the full extent allowed by law.

In the event the said trustee is unable or unwilling to serve for any reason, then I nominate, constitute, and appoint _____ as alternate trustee. No bond shall be required of either trustee in any jurisdiction and this trust shall be administered without court supervision as allowed by law.

      SIXTH: In the event any of my children have not attained the age of 18 years at the time of my death, I hereby nominate, constitute, and appoint _____ as guardian over the person and estate of any of my children who have not reached the age of majority at the time of my death. In the event that said guardian is unable or unwilling to serve, then I nominate, constitute, and appoint _____ as guardian. Said guardian shall serve without bond or surety.

      SEVENTH: I hereby nominate, constitute, and appoint _____ as Executor or Personal Representative of this, my Last Will and Testament. In the event that such named person is unable or unwilling to serve at any time or for any reason, then I nominate, constitute, and appoint _____ as Executor or Personal Representative in the place and stead of the person first named herein. It is my will and I direct that my Executor or Personal Representative shall not be required to furnish a bond for the faithful performance of his or her duties in any jurisdiction, any provision of law to the contrary notwithstanding, and I give my Executor or Personal Representative full power to administer my estate, including the power to settle claims, pay debts, and sell, lease or exchange real and personal property without court order.

      IN WITNESS WHEREOF I declare this to be my Last Will and Testament and execute it willingly as my free and voluntary act for the purposes expressed herein and I am of legal age and sound mind and make this under no constraint or undue influence, this _____ day of _____, _____ at _____ State of _____.

                                      _____

      The foregoing instrument was on said date subscribed at the end thereof by _____, the above named Testator who signed, published, and declared this instrument to be his/her Last Will and Testament in the presence of us and each of us, who thereupon at his/her request, in his/her presence, and in the presence of each other, have hereunto subscribed our names as witnesses thereto. We are of sound mind and proper age to witness a will and understand this to be his/her will, and to the best of our knowledge testator is of legal age to make a will, of sound mind, and under no constraint or undue influence.

_____ residing at _____

_____ residing at _____

_____ residing at _____

Last Will and Testament

I, _____ a resident of _____
County, _____ do hereby make, publish, and declare this to be my Last Will
and Testament, hereby revoking any and all Wills and Codicils heretofore made by me.

FIRST: I direct that all my just debts and funeral expenses be paid out of my estate as soon
after my death as is practicable.

SECOND: I give, devise, and bequeath the following specific gifts:
_____
_____
_____
_____
_____
_____
_____
_____
_____
_____
_____

THIRD: I give, devise, and bequeath all my estate, real, personal, and mixed, of whatever
kind and wherever situated, of which I may die seized or possessed, or in which I may have any
interest or over which I may have any power of appointment or testamentary disposition, to my
children _____
_____
_____,
in equal shares, or their lineal descendants per stirpes.

FOURTH: In the event that any beneficiary fails to survive me by thirty days, then this will
shall take effect as if that person had predeceased me.

FIFTH: I hereby nominate, constitute, and appoint _____ as
Executor or Personal Representative of this, my Last Will and Testament. In the event that such named
person is unable or unwilling to serve at any time or for any reason, then I nominate, constitute, and
appoint _____ as Executor or Personal Representative in the place
and stead of the person first named herein. It is my will and I direct that my Executor or Personal
Representative shall not be required to furnish a bond for the faithful performance of his or her
duties in any jurisdiction, any provision of law to the contrary notwithstanding, and I give my
Executor or Personal Representative full power to administer my estate, including the power to
settle claims, pay debts, and sell, lease or exchange real and personal property without court order.

Initials: _____ _____ _____ _____   Page ____ of ____   **103**
     Testator   Witness   Witness   Witness

IN WITNESS WHEREOF I declare this to be my Last Will and Testament and execute it willingly as my free and voluntary act for the purposes expressed herein and I am of legal age and sound mind and make this under no constraint or undue influence, this _____ day of _____, 20___ at _____ State of _____.

_____

The foregoing instrument was on said date subscribed at the end thereof by _____, the above named Testator who signed, published, and declared this instrument to be his/her Last Will and Testament in the presence of us and each of us, who thereupon at his/her request, in his/her presence, and in the presence of each other, have hereunto subscribed our names as witnesses thereto. We are of sound mind and proper age to witness a will and understand this to be his/her will, and to the best of our knowledge testator is of legal age to make a will, of sound mind, and under no constraint or undue influence.

_____residing at_____

_____residing at_____

_____residing at_____

Last Will and Testament

I, _____ a resident of _____
County, _____ do hereby make, publish, and declare this to be my Last Will
and Testament, hereby revoking any and all Wills and Codicils heretofore made by me.

FIRST: I direct that all my just debts and funeral expenses be paid out of my estate as soon
after my death as is practicable.

SECOND: I give, devise, and bequeath the following specific gifts:

_____
_____
_____
_____
_____
_____
_____
_____
_____
_____

THIRD: I give, devise, and bequeath all my estate, real, personal, and mixed, of whatever
kind and wherever situated, of which I may die seized or possessed, or in which I may have any
interest or over which I may have any power of appointment or testamentary disposition, to my
children _____
_____
_____,
in equal shares, or their lineal descendants per capita.

FOURTH: In the event that any beneficiary fails to survive me by thirty days, then this will
shall take effect as if that person had predeceased me.

FIFTH: I hereby nominate, constitute, and appoint _____ as
Executor or Personal Representative of this, my Last Will and Testament. In the event that such named
person is unable or unwilling to serve at any time or for any reason, then I nominate, constitute, and
appoint _____ as Executor or Personal Representative in the place
and stead of the person first named herein. It is my will and I direct that my Executor or Personal
Representative shall not be required to furnish a bond for the faithful performance of his or her
duties in any jurisdiction, any provision of law to the contrary notwithstanding, and I give my
Executor or Personal Representative full power to administer my estate, including the power to
settle claims, pay debts, and sell, lease or exchange real and personal property without court order.

IN WITNESS WHEREOF I declare this to be my Last Will and Testament and execute it
willingly as my free and voluntary act for the purposes expressed herein and I am of legal age and

Initials: _____ _____ _____ _____   Page ____ of ____   **105**
_{Testator   Witness   Witness   Witness}

sound mind and make this under no constraint or undue influence, this _____ day of
_____, 20___ at _____ State of _____.

_____

The foregoing instrument was on said date subscribed at the end thereof by
_____, the above named Testator who signed, published, and declared this instrument to be his/her Last Will and Testament in the presence of us and each of us, who thereupon at his/her request, in his/her presence, and in the presence of each other, have hereunto subscribed our names as witnesses thereto. We are of sound mind and proper age to witness a will and understand this to be his/her will, and to the best of our knowledge testator is of legal age to make a will, of sound mind, and under no constraint or undue influence.

_____residing at_____

_____residing at_____

_____residing at_____

106

Last Will and Testament

I, _____ a resident of _____
County, _____ do hereby make, publish, and declare this to be my Last Will and Testament, hereby revoking any and all Wills and Codicils heretofore made by me.

FIRST: I direct that all my just debts and funeral expenses be paid out of my estate as soon after my death as is practicable.

SECOND: I give, devise, and bequeath the following specific gifts:

_____
_____
_____
_____
_____
_____
_____
_____
_____
_____
_____

THIRD: I give, devise, and bequeath all my estate, real, personal, and mixed, of whatever kind and wherever situated, of which I may die seized or possessed, or in which I may have any interest or over which I may have any power of appointment or testamentary disposition, to the following:

_____
_____
_____,
in equal share, or to the survivor of them.

FOURTH: In the event that any beneficiary fails to survive me by thirty days, then this will shall take effect as if that person had predeceased me.

FIFTH: I hereby nominate, constitute, and appoint _____ as Executor or Personal Representative of this, my Last Will and Testament. In the event that such named person is unable or unwilling to serve at any time or for any reason, then I nominate, constitute, and appoint _____ as Executor or Personal Representative in the place and stead of the person first named herein. It is my will and I direct that my Executor or Personal Representative shall not be required to furnish a bond for the faithful performance of his or her duties in any jurisdiction, any provision of law to the contrary notwithstanding, and I give my Executor or Personal Representative full power to administer my estate, including the power to settle claims, pay debts, and sell, lease or exchange real and personal property without court order.

IN WITNESS WHEREOF I declare this to be my Last Will and Testament and execute it willingly as my free and voluntary act for the purposes expressed herein and I am of legal age and

Initials: _____ _____ _____ _____   Page ____ of ____   **107**
     Testator   Witness   Witness   Witness

sound mind and make this under no constraint or undue influence, this _____ day of _____, 20___ at _____ State of _____.

_____

The foregoing instrument was on said date subscribed at the end thereof by _____, the above named Testator who signed, published, and declared this instrument to be his/her Last Will and Testament in the presence of us and each of us, who thereupon at his/her request, in his/her presence, and in the presence of each other, have hereunto subscribed our names as witnesses thereto. We are of sound mind and proper age to witness a will and understand this to be his/her will, and to the best of our knowledge testator is of legal age to make a will, of sound mind, and under no constraint or undue influence.

_____residing at_____

_____residing at_____

_____residing at_____

Last Will and Testament

I, _____ a resident of _____
County, _____ do hereby make, publish, and declare this to be my Last Will
and Testament, hereby revoking any and all Wills and Codicils heretofore made by me.

FIRST: I direct that all my just debts and funeral expenses be paid out of my estate as soon
after my death as is practicable.

SECOND: I give, devise, and bequeath the following specific gifts:

_____
_____
_____
_____
_____
_____
_____
_____
_____
_____

THIRD: I give, devise, and bequeath all my estate, real, personal, and mixed, of whatever
kind and wherever situated, of which I may die seized or possessed, or in which I may have any interest
or over which I may have any power of appointment or testamentary disposition, to the following:

_____
_____
_____,
in equal shares, or their lineal descendants per stirpes.

FOURTH: In the event that any beneficiary fails to survive me by thirty days, then this will
shall take effect as if that person had predeceased me.

FIFTH: I hereby nominate, constitute, and appoint _____ as
Executor or Personal Representative of this, my Last Will and Testament. In the event that such named
person is unable or unwilling to serve at any time or for any reason, then I nominate, constitute, and
appoint _____ as Executor or Personal Representative in the place
and stead of the person first named herein. It is my will and I direct that my Executor or Personal
Representative shall not be required to furnish a bond for the faithful performance of his or her
duties in any jurisdiction, any provision of law to the contrary notwithstanding, and I give my
Executor or Personal Representative full power to administer my estate, including the power to
settle claims, pay debts, and sell, lease or exchange real and personal property without court order.

IN WITNESS WHEREOF I declare this to be my Last Will and Testament and execute it
willingly as my free and voluntary act for the purposes expressed herein and I am of legal age and

Initials: _____ _____ _____ _____   Page ____ of ____   **109**
      Testator   Witness   Witness   Witness

sound mind and make this under no constraint or undue influence, this _____ day of _____, 20___ at _____ State of _____.

_____

The foregoing instrument was on said date subscribed at the end thereof by _____, the above named Testator who signed, published, and declared this instrument to be his/her Last Will and Testament in the presence of us and each of us, who thereupon at his/her request, in his/her presence, and in the presence of each other, have hereunto subscribed our names as witnesses thereto. We are of sound mind and proper age to witness a will and understand this to be his/her will, and to the best of our knowledge testator is of legal age to make a will, of sound mind, and under no constraint or undue influence.

_____residing at_____

_____residing at_____

_____residing at_____

Self-Proved Will Affidavit
(attach to Will)

STATE OF _____

COUNTY OF _____

    We, _____, and _____, and _____, the testator and the witnesses, whose names are signed to the attached or foregoing instrument in those capacities, personally appearing before the undersigned authority and being first duly sworn, declare to the undersigned authority under penalty of perjury that: 1) the testator declared, signed, and executed the instrument as his or her last will; 2) he or she signed it willingly, or directed another to sign for him or her; 3) he or she executed it as his or her free and voluntary act for the purposes therein expressed; and 4) each of the witnesses, and the request of the testator, in his or her hearing and presence and in the presence of each other, signed the will as witnesses, and that to the best of his or her knowledge the testator was at that time of full legal age, of sound mind, and under no constraint or undue influence.

_____ (Testator)

_____ (Witness)

_____ (Witness)

Subscribed, sworn, and acknowledged before me _____ a notary public, and by _____, the testator, and by _____ and _____, witnesses, this _____ day of _____, 20____.

_____

Notary public

Self-Proved Will Affidavit
(attach to Will)

STATE OF _____

COUNTY OF _____

    I, the undersigned, an officer authorized to administer oaths, certify that _____ _____, the testator and _____, and _____, the witnesses, whose names are signed to the attached or foregoing instrument and whose signatures appear below, having appeared before me and having been first been duly sworn, each then declared to me that: 1) the attached or foregoing instrument is the last will of the testator; 2) the testator willingly and voluntarily declared, signed, and executed the will in the presence of the witnesses; 3) the witnesses signed the will upon the request of the testator, in the presence and hearing of the testator and in the presence of each other; 4) to the best knowledge of each witness, the testator was, at the time of signing, of the age of majority (or otherwise legally competent to make a will), of sound mind and memory, and under no constraint or undue influence; and 5) each witness was and is competent and of proper age to witness a will.

_____ (Testator)

_____ (Witness)

_____ (Witness)

Subscribed and sworn to before me by _____, the testator, who is personally known to me or who has produced _____ as identification, and by _____, a witness, who is personally known to me or who has produced _____ as identification, and by _____, a witness, who is personally known to me or who has produced _____ as identification, this _____ day of_____, 20____.

_____
Notary or other officer

Notarial Will Page—Louisiana
(attach to Will)

STATE OF LOUISIANA

PARRISH OF _____

The testator has signed this will at the end and on each other separate page, and has declared or signified in our presence that it is his/her last will and testament, and in the presence of the testator and each other we have hereunto subscribed our names this _____ day of _____, _____.

_____ (Testator)

_____ (Witness)

_____ (Witness)

On this _____ day of _____, _____ before me personally appeared _____, the testator, and _____, and _____, the witnesses, to me known to be the persons described in and who executed the foregoing instrument, and acknowledged that they executed it as their free act and deed.

Signed:_____
                                    Notary

Note: In Louisiana a will must be signed on all pages by the testator. On page 1 replace "County" with "Parrish."

Self-Proved Will Page—New Hampshire
(attach to Will)

The foregoing instrument was acknowledged before me this _____ (day),
by _____ the testator; _____
and _____, the witnesses, who under oath swear as follows:

    1. The testator signed the instrument as his will or expressly directed another to sign for him.

    2. This was the testator's free and voluntary act for the purposes expressed in the will.

    3. Each witness signed at the request of the testator, in his presence, and in the presence of the other witness.

    4. To the best of my knowledge, at the time of the signing the testator was at least 18 years of age, or if under 18 years was a married person, and was of sane mind and under no constraint or undue influence.

_____
Signature

_____
Official Capacity

Self-Proved Will Affidavit—Texas
(attach to Will)

STATE OF TEXAS

COUNTY OF _____

    Before me, the undersigned authority, on this day personally appeared _____ _____, _____, and _____ _____, known to me to be the testator and the witnesses, respectively, whose names are subscribed to the annexed or foregoing instrument in their respective capacities, and, all of said persons being by me duly sworn, the said _____ _____ testator, declared to me and to the said witnesses in my presence that said instrument is his or her last will and testament, and that he or she had willingly made and executed it as his or her free act and deed, and the said witnesses, each on his or her oath stated to me in the presence and hearing of the said testator, that the said testator had declared to them that said instrument is his or her last will and testament, and that he or she executed same as such and wanted each of them to sign it as a witness; and upon their oaths each witness stated further that they did sign the same as witnesses in the presence of the said testator and at his or her request; that he or she was at the time eighteen years of age or over (or being under such age, was or had been lawfully married, or was then a member of the armed forces of the United States or an auxiliary thereof or of the Maritime Service) and was of sound mind; and that each of said witnesses was then at least fourteen years of age.

_____ (Testator)

_____ (Witness)

_____ (Witness)

Subscribed and sworn to before me by _____, the testator, and by _____, and _____, the witnesses, this _____ day of_____, 20____.

Signed:_____

_____
Official Capacity of Officer

First Codicil to the Will of

_____

I, _____, a resident of _____
County, _____ declare this to be the first codicil to my Last Will and Testament
dated _____, _____.

FIRST: I hereby revoke the clause of my Will which reads as follows:
_____
_____
_____
_____.

SECOND: I hereby add the following clause to my Will: _____
_____
_____
_____
_____.

THIRD: In all other respects I hereby confirm and republish my Last Will and Testament
dated _____, _____.

IN WITNESS WHEREOF, I have signed, published, and declared the foregoing instrument
as and for a codicil to my Last Will and Testament, this _____ day of _____, 20_____.

_____

The foregoing instrument was on the _____day of _____, _____,
signed at the end thereof, and at the same time published and declared by
_____, as and for a codicil to his/her Last Will and Testament,
dated _____, 20_____, in the presence of each of us, who, this attestation clause
having been read to us, did at the request of the said testator/testatrix, in his/her presence and in the
presence of each other signed our names as witnesses thereto.

_____residing at_____

_____residing at_____

_____residing at_____

Self-Proved Codicil Affidavit

(attach to Codicil)

STATE OF _____

COUNTY OF _____

    We, _____ and _____ and _____, the testator and the witnesses, whose names are signed to the attached or foregoing instrument in those capacities, personally appearing before the undersigned authority and being first duly sworn, declare to the undersigned authority under penalty of perjury that: 1) the testator declared, signed, and executed the instrument as a codicil to his or her last will; 2) he or she signed it willingly, or directed another to sign for him or her; 3) he or she executed it as his or her free and voluntary act for the purposes therein expressed; and 4) each of the witnesses, and the request of the testator, in his or her hearing and presence and in the presence of each other, signed the will as witnesses, and that to the best of his or her knowledge the testator was at that time of full legal age, of sound mind, and under no constraint or undue influence.

_____ (Testator)

_____ (Witness)

_____ (Witness)

Subscribed, sworn, and acknowledged before me _____ a notary public, and by _____, the testator, and by _____ and _____, witnesses, this _____ day of _____, 20____.

_____

Notary public

Self-Proved Codicil Affidavit
(attach to Will)

STATE OF _____

COUNTY OF _____

    I, the undersigned, an officer authorized to administer oaths, certify that
_____, the testator and
_____ and _____,
the witnesses, whose names are signed to the attached or foregoing instrument and whose signatures
appear below, having appeared before me and having first been duly sworn, each then declared to
me that: 1) the attached or foregoing instrument is a codicil to the last will of the testator; 2) the testator willingly and voluntarily declared, signed, and executed the will in the presence of the witnesses; 3) the witnesses signed the will upon the request of the testator, in the presence and hearing
of the testator and in the presence of each other; 4) to the best knowledge of each witness, the testator was, at the time of signing, of the age of majority (or otherwise legally competent to make a
will), of sound mind and memory, and under no constraint or undue influence; and 5) each witness
was and is competent and of proper age to witness a codicil to a will.

                                     _____ (Testator)

                                     _____ (Witness)

                                     _____ (Witness)

Subscribed and sworn to before me by _____, the testator,
who is personally known to me or who has produced _____ as identification, and by _____ a witness who is personally
known to me or who has produced _____ as identification, and by
_____, a witness, who is personally known to me or
who has produced _____ as identification, this _____ day
of_____, 20____.

_____
Notary or other officer

Self-Proved Codicil Affidavit
(attach to Codicil)

STATE OF TEXAS

COUNTY OF _____

     Before me, the undersigned authority, on this day personally appeared _____ _____, _____, and _____ _____, known to me to be the testator and the witnesses, respectively, whose names are subscribed to the annexed or foregoing instrument in their respective capacities, and, all of said persons being by me duly sworn, the said _____ _____ testator, declared to me and to the said witnesses in my presence that said instrument is his or her codicil, and that he or she had willingly made and executed it as his or her free act and deed, and the said witnesses, each on his or her oath stated to me in the presence and hearing of the said testator, that the said testator had declared to them that said instrument is his or her codicil, and that he or she executed same as such and wanted each of them to sign it as a witness; and upon their oaths each witness stated further that they did sign the same as witnesses in the presence of the said testator and at his or her request; that he or she was at the time eighteen years of age or over (or being under such age, was or had been lawfully married, or was then a member of the armed forces of the United States or an auxiliary thereof or of the Maritime Service) and was of sound mind; and that each of said witnesses was then at least fourteen years of age.

        _____ (Testator)

        _____ (Witness)

        _____ (Witness)

Subscribed and sworn to before me by _____, the testator, and by _____, _____, and _____, the witnesses, this _____ day of _____, 20____.

Signed:_____

_____
Official Capacity of Officer

LIVING WILL

I, _____, being of sound mind willfully and voluntarily make known my desires regarding my medical care and treatment under the circumstances as indicated below:

_____ 1. If I should have an incurable or irreversible condition that will cause my death within a relatively short time, and if I am unable to make decisions regarding my medical treatment, I direct my attending physician to withhold or withdraw procedures that merely prolong the dying process and are not necessary to my comfort or to alleviate pain. This authorization includes, but is not limited to, the withholding or the withdrawal of the following types of medical treatment (subject to any special instructions in paragraph 5 below):

_____ a. Artificial feeding and hydration.
_____ b. Cardiopulmonary resuscitation (this includes, but is not limited to, the use of drugs, electric shock, and artificial breathing).
_____ c. Kidney dialysis.
_____ d. Surgery or other invasive procedures.
_____ e. Drugs and antibiotics.
_____ f. Transfusions of blood or blood products.
_____ g. Other: _____

_____ 2. If I should be in an irreversible coma or persistent vegetative state that my attending physician reasonably believes to be irreversible or incurable, I direct my attending physician to withhold or withdraw medical procedures and treatment other than such medical procedures and treatment necessary to my comfort or to alleviate pain. This authorization includes, but is not limited to, the withholding or withdrawal of the following types of medical treatment (subject to any special instructions in paragraph 5 below):

_____ a. Artificial feeding and hydration.
_____ b. Cardiopulmonary resuscitation (this includes, but is not limited to, the use of drugs, electric shock, and artificial breathing).
_____ c. Kidney dialysis.
_____ d. Surgery or other invasive procedures.
_____ e. Drugs and antibiotics.
_____ f. Transfusions of blood or blood products.
_____ g. Other: _____

_____ 3. If I have a medical condition where I am unable to communicate my desires as to treatment and my physician determines that the burdens of treatment outweigh the expected benefits, I direct my attending physician to withhold or withdraw medical procedures and treatment other than such medical procedures and treatment necessary to my comfort or to alleviate pain. This authorization includes, but is not limited to, the withholding or withdrawal of the following types of medical treatment (subject to any special instructions in paragraph 5 below):

_____ a. Artificial feeding and hydration.
_____ b. Cardiopulmonary resuscitation (this includes, but is not limited to, the use of drugs, electric shock, and artificial breathing).
_____ c. Kidney dialysis.
_____ d. Surgery or other invasive procedures.
_____ e. Drugs and antibiotics.
_____ f. Transfusions of blood or blood products.

_____ g. Other: _____

_____ 4. I want my life prolonged to the greatest extent possible (subject to any special instructions in paragraph 5 below).

_____ 5. Special instructions (if any) _____
_____
_____
_____

Signed this _____ day of _____,200____.

Signature _____

Address:_____

_____

The declarant is personally known to me and voluntarily signed this document in my presence.

Witness:_____   Witness_____

Name:_____   Name:_____

Address:_____   Address:_____

_____   _____

State of _____)
County of _____)

On this _____ day of _____, 200_____, before me, personally appeared
_____, principal, and
_____ and _____,
witnesses, who are personally known to me or who provided _____
_____
as identification, and signed the foregoing instrument in my presence.

_____
Notary Public

UNIFORM DONOR CARD

The undersigned hereby makes this anatomical gift, if medically acceptable, to take effect on death. The words and marks below indicate my desires:

I give:

        (a) _____ any needed organs or parts;

        (b) _____ only the following organs or parts

_____

for the purpose of transplantation, therapy, medical research, or education;

        (c) _____ my body for anatomical study if needed.

Limitations or special wishes, if any:

_____

Signed by the donor and the following witnesses in the presence of each other:

_____   _____
Signature of Donor   Date of birth

_____   _____
Date signed   City & State

_____   _____
Witness   Witness

_____   _____
Address   Address

UNIFORM DONOR CARD

The undersigned hereby makes this anatomical gift, if medically acceptable, to take effect on death. The words and marks below indicate my desires:

I give:

        (a) _____ any needed organs or parts;

        (b) _____ only the following organs or parts

_____

for the purpose of transplantation, therapy, medical research, or education;

        (c) _____ my body for anatomical study if needed.

Limitations or special wishes, if any:

_____

Signed by the donor and the following witnesses in the presence of each other:

_____   _____
Signature of Donor   Date of birth

_____   _____
Date signed   City & State

_____   _____
Witness   Witness

_____   _____
Address   Address

UNIFORM DONOR CARD

The undersigned hereby makes this anatomical gift, if medically acceptable, to take effect on death. The words and marks below indicate my desires:

I give:

        (a) _____ any needed organs or parts;

        (b) _____ only the following organs or parts

_____

for the purpose of transplantation, therapy, medical research, or education;

        (c) _____ my body for anatomical study if needed.

Limitations or special wishes, if any:

_____

Signed by the donor and the following witnesses in the presence of each other:

_____   _____
Signature of Donor   Date of birth

_____   _____
Date signed   City & State

_____   _____
Witness   Witness

_____   _____
Address   Address

UNIFORM DONOR CARD

The undersigned hereby makes this anatomical gift, if medically acceptable, to take effect on death. The words and marks below indicate my desires:

I give:

        (a) _____ any needed organs or parts;

        (b) _____ only the following organs or parts

_____

for the purpose of transplantation, therapy, medical research, or education;

        (c) _____ my body for anatomical study if needed.

Limitations or special wishes, if any:

_____

Signed by the donor and the following witnesses in the presence of each other:

_____   _____
Signature of Donor   Date of birth

_____   _____
Date signed   City & State

_____   _____
Witness   Witness

_____   _____
Address   Address

One of these cards should be cut out and carried in your wallet or purse.

Indice

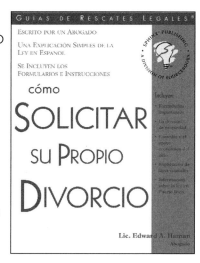
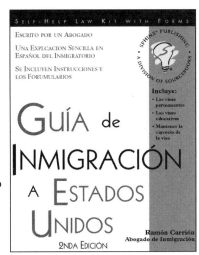

SPHINX® PUBLISHING'S NATIONAL TITLES
Valid in All 50 States

LEGAL SURVIVAL IN BUSINESS

How to Form a Delaware Corporation from Any State	$24.95
How to Form a Limited Liability Company	$22.95
Incorporate in Nevada from Any State	$24.95
How to Form a Nonprofit Corporation	$24.95
How to Form Your Own Corporation (3E)	$24.95
How to Form Your Own Partnership	$22.95
How to Register Your Own Copyright (3E)	$21.95
How to Register Your Own Trademark (3E)	$21.95
Most Valuable Business Legal Forms You'll Ever Need (2E)	$19.95
Most Valuable Corporate Forms You'll Ever Need (2E)	$24.95

LEGAL SURVIVAL IN COURT

Debtors' Rights (3E)	$14.95
Grandparents' Rights (3E)	$24.95
Help Your Lawyer Win Your Case (2E)	$14.95
Jurors' Rights (2E)	$12.95
Legal Research Made Easy (2E)	$16.95
Winning Your Personal Injury Claim (2E)	$24.95

LEGAL SURVIVAL IN REAL ESTATE

How to Buy a Condominium or Townhome	$19.95
How to Negotiate Real Estate Contracts (3E)	$18.95
How to Negotiate Real Estate Leases (3E)	$18.95

LEGAL SURVIVAL IN PERSONAL AFFAIRS

Cómo Hacer su Propio Testamento	$16.95
Guía de Inmigración a Estados Unidos (2E)	$24.95
Cómo Solicitar su Propio Divorcio	$24.95
How to File Your Own Bankruptcy (4E)	$21.95
How to File Your Own Divorce (4E)	$24.95
How to Make Your Own Will (2E)	$16.95
How to Write Your Own Living Will (2E)	$16.95
How to Write Your Own Premarital Agreement (2E)	$21.95
How to Win Your Unemployment Compensation Claim	$21.95
Living Trusts and Simple Ways to Avoid Probate (2E)	$22.95
Most Valuable Personal Legal Forms You'll Ever Need	$24.95
Neighbor v. Neighbor (2E)	$16.95
The Nanny and Domestic Help Legal Kit	$22.95
The Power of Attorney Handbook (3E)	$19.95
Repair Your Own Credit and Deal with Debt	$18.95
Social Security Benefits Handbook (2E)	$16.95
Unmarried Parents' Rights	$19.95
U.S.A. Immigration Guide (3E)	$19.95
Your Right to Child Custody, Visitation and Support	$22.95

Legal Survival Guides are directly available from Sourcebooks, Inc., or from your local bookstores.
Prices are subject to change without notice.

For credit card orders call 1–800–432–7444, write P.O. Box 4410, Naperville, IL 60567-4410
or fax 630-961-2168

SPHINX® PUBLISHING ORDER FORM

BILL TO:		SHIP TO:	
Phone #	Terms	F.O.B. Chicago, IL	Ship Date

Charge my: ☐ VISA ☐ MasterCard ☐ American Express

☐ **Money Order or Personal Check**

Credit Card Number   Expiration Date

Qty	ISBN	Title	Retail	Ext.
		SPHINX PUBLISHING NATIONAL TITLES		
_____	1-57248-148-X	Cómo Hacer su Propio Testamento	$16.95	_____
_____	1-57248-147-1	Cómo Solicitar su Propio Divorcio	$24.95	_____
_____	1-57071-342-1	Debtors' Rights (3E)	$14.95	_____
_____	1-57248-139-0	Grandparents' Rights (3E)	$24.95	_____
_____	1-57248-087-4	Guía de Inmigración a Estados Unidos (2E)	$24.95	_____
_____	1-57248-103-X	Help Your Lawyer Win Your Case (2E)	$14.95	_____
_____	1-57071-164-X	How to Buy a Condominium or Townhome	$19.95	_____
_____	1-57071-223-9	How to File Your Own Bankruptcy (4E)	$21.95	_____
_____	1-57248-132-3	How to File Your Own Divorce (4E)	$24.95	_____
_____	1-57248-100-5	How to Form a DE Corporation from Any State	$24.95	_____
_____	1-57248-083-1	How to Form a Limited Liability Company	$22.95	_____
_____	1-57248-099-8	How to Form a Nonprofit Corporation	$24.95	_____
_____	1-57248-133-1	How to Form Your Own Corporation (3E)	$24.95	_____
_____	1-57071-343-X	How to Form Your Own Partnership	$22.95	_____
_____	1-57248-119-6	How to Make Your Own Will (2E)	$16.95	_____
_____	1-57071-331-6	How to Negotiate Real Estate Contracts (3E)	$18.95	_____
_____	1-57071-332-4	How to Negotiate Real Estate Leases (3E)	$18.95	_____
_____	1-57248-124-2	How to Register Your Own Copyright (3E)	$21.95	_____
_____	1-57248-104-8	How to Register Your Own Trademark (3E)	$21.95	_____
_____	1-57071-349-9	How to Win Your Unemployment Compensation Claim	$21.95	_____
_____	1-57248-118-8	How to Write Your Own Living Will (2E)	$16.95	_____
_____	1-57071-344-8	How to Write Your Own Premarital Agreement (2E)	$21.95	_____
_____	1-57248-158-7	Incorporate in Nevada from Any State	$24.95	_____
_____	1-57071-333-2	Jurors' Rights (2E)	$12.95	_____
_____	1-57071-400-2	Legal Research Made Easy (2E)	$16.95	_____
_____	1-57071-336-7	Living Trusts and Simple Ways to Avoid Probate (2E)	$22.95	_____
_____	1-57071-345-6	Most Valuable Bus. Legal Forms You'll Ever Need (2E)	$19.95	_____
_____	1-57071-346-4	Most Valuable Corporate Forms You'll Ever Need (2E)	$24.95	_____
_____	1-57248-130-7	Most Valuable Personal Legal Forms You'll Ever Need	$24.95	_____
_____	1-57248-098-X	The Nanny and Domestic Help Legal Kit	$22.95	_____
_____	1-57248-089-0	Neighbor v. Neighbor (2E)	$16.95	_____
_____	1-57071-348-0	The Power of Attorney Handbook (3E)	$19.95	_____
_____	1-57248-149-8	Repair Your Own Credit and Deal with Debt	$18.95	_____
_____	1-57071-337-5	Social Security Benefits Handbook (2E)	$16.95	_____
_____	1-57071-399-5	Unmarried Parents' Rights	$19.95	_____
_____	1-57071-354-5	U.S.A. Immigration Guide (3E)	$19.95	_____
_____	1-57248-138-2	Winning Your Personal Injury Claim (2E)	$24.95	_____
_____	1-57248-097-1	Your Right to Child Custody, Visitation and Support	$22.95	_____
		CALIFORNIA TITLES		
_____	1-57248-150-1	CA Power of Attorney Handbook (2E)	$18.95	_____
_____	1-57248-151-X	How to File for Divorce in CA (3E)	$26.95	_____
_____	1-57071-356-1	How to Make a CA Will	$16.95	_____
_____	1-57248-145-5	How to Probate and Settle an Estate in California	$26.95	_____
_____	1-57248-146-3	How to Start a Business in CA	$18.95	_____
_____	1-57071-358-8	How to Win in Small Claims Court in CA	$16.95	_____
_____	1-57071-359-6	Landlords' Rights and Duties in CA	$21.95	_____
		FLORIDA TITLES		
_____	1-57071-363-4	Florida Power of Attorney Handbook (2E)	$16.95	_____
_____	1-57248-093-9	How to File for Divorce in FL (6E)	$24.95	_____
_____	1-57071-380-4	How to Form a Corporation in FL (4E)	$24.95	_____
_____	1-57248-086-6	How to Form a Limited Liability Co. in FL	$22.95	_____
_____	1-57071-401-0	How to Form a Partnership in FL	$22.95	_____
_____	1-57248-113-7	How to Make a FL Will (6E)	$16.95	_____

Form Continued on Following Page   **SUBTOTAL**

To order, call Sourcebooks at 1-800-432-7444 or FAX (630) 961-2168 (Bookstores, libraries, wholesalers—please call for discount)

Prices are subject to change without notice.

SPHINX® PUBLISHING ORDER FORM

Qty	ISBN	Title	Retail	Ext.
_____	1-57248-088-2	How to Modify Your FL Divorce Judgment (4E)	$24.95	_____
_____	1-57248-144-7	How to Probate and Settle and Estate in FL (4E)	$26.95	_____
_____	1-57248-081-5	How to Start a Business in FL (5E)	$16.95	_____
_____	1-57071-362-6	How to Win in Small Claims Court in FL (6E)	$16.95	_____
_____	1-57248-123-4	Landlords' Rights and Duties in FL (8E)	$21.95	_____
GEORGIA TITLES				
_____	1-57248-137-4	How to File for Divorce in GA (4E)	$21.95	_____
_____	1-57248-075-0	How to Make a GA Will (3E)	$16.95	_____
_____	1-57248-140-4	How to Start a Business in Georgia (2E)	$16.95	_____
ILLINOIS TITLES				
_____	1-57071-405-3	How to File for Divorce in IL (2E)	$21.95	_____
_____	1-57071-415-0	How to Make an IL Will (2E)	$16.95	_____
_____	1-57071-416-9	How to Start a Business in IL (2E)	$18.95	_____
_____	1-57248-078-5	Landlords' Rights & Duties in IL	$21.95	_____
MASSACHUSETTS TITLES				
_____	1-57248-128-5	How to File for Divorce in MA (3E)	$24.95	_____
_____	1-57248-115-3	How to Form a Corporation in MA	$24.95	_____
_____	1-57248-108-0	How to Make a MA Will (2E)	$16.95	_____
_____	1-57248-106-4	How to Start a Business in MA (2E)	$18.95	_____
_____	1-57248-107-2	Landlords' Rights and Duties in MA (2E)	$21.95	_____
MICHIGAN TITLES				
_____	1-57071-409-6	How to File for Divorce in MI (2E)	$21.95	_____
_____	1-57248-077-7	How to Make a MI Will (2E)	$16.95	_____
_____	1-57071-407-X	How to Start a Business in MI (2E)	$16.95	_____
MINNESOTA TITLES				
_____	1-57248-142-0	How to File for Divorce in MN	$21.95	_____
NEW YORK TITLES				
_____	1-57248-141-2	How to File for Divorce in NY (2E)	$26.95	_____
_____	1-57248-105-6	How to Form a Corporation in NY	$24.95	_____
_____	1-57248-095-5	How to Make a NY Will (2E)	$16.95	_____
_____	1-57071-185-2	How to Start a Business in NY	$18.95	_____
_____	1-57071-187-9	How to Win in Small Claims Court in NY	$16.95	_____

Qty	ISBN	Title	Retail	Ext.
_____	1-57071-186-0	Landlords' Rights and Duties in NY	$21.95	_____
_____	1-57071-188-7	New York Power of Attorney Handbook	$19.95	_____
_____	1-57248-122-6	Tenants' Rights in NY	$21..95	_____
NORTH CAROLINA TITLES				
_____	1-57071-326-X	How to File for Divorce in NC (2E)	$22.95	_____
_____	1-57248-129-3	How to Make a NC Will (3E)	$16.95	_____
_____	1-57248-096-3	How to Start a Business in NC (2E)	$16.95	_____
_____	1-57248-091-2	Landlords' Rights & Duties in NC	$21.95	_____
OHIO TITLES				
_____	1-57248-190-0	How to File for Divorce in OH (2E)	$24.95	_____
PENNSYLVANIA TITLES				
_____	1-57248-127-7	How to File for Divorce in PA (2E)	$24.95	_____
_____	1-57248-094-7	How to Make a PA Will (2E)	$16.95	_____
_____	1-57248-112-9	How to Start a Business in PA (2E)	$18.95	_____
_____	1-57071-179-8	Landlords' Rights and Duties in PA	$19.95	_____
TEXAS TITLES				
_____	1-57071-330-8	How to File for Divorce in TX (2E)	$21.95	_____
_____	1-57248-114-5	How to Form a Corporation in TX (2E)	$24.95	_____
_____	1-57071-417-7	How to Make a TX Will (2E)	$16.95	_____
_____	1-57071-418-5	How to Probate an Estate in TX (2E)	$22.95	_____
_____	1-57071-365-0	How to Start a Business in TX (2E)	$18.95	_____
_____	1-57248-111-0	How to Win in Small Claims Court in TX (2E)	$16.95	_____
_____	1-57248-110-2	Landlords' Rights and Duties in TX (2E)	$21.95	_____

SUBTOTAL THIS PAGE _____

SUBTOTAL PREVIOUS PAGE _____

Shipping — $5.00 for 1st book, $1.00 each additional _____

Illinois residents add 6.75% sales tax _____

Connecticut residents add 6.00% sales tax _____

TOTAL _____

To order, call Sourcebooks at 1-800-432-7444 or FAX (630) 961-2168 (Bookstores, libraries, wholesalers—please call for discount)

Prices are subject to change without notice.